「新しい中東」が世界を動かす

変貌する産油国と日本外交

中川浩一 Nakagawa Koichi

NHK出版新書
736

「新しい中東」が世界を動かす――変貌する産油国と日本外交　目次

はじめに

二〇二五年一月二〇日、アメリカで第二期トランプ政権が発足します。

ところで、第一期（二〇一七年から二〇二〇年）政権のとき、トランプ大統領が最初に訪問した海外の国を答えられる日本人は多くはないのではないでしょうか。答えは中東の大国サウジアラビアです（二〇一七年五月）。

それでは、なぜトランプ大統領はサウジアラビアを最初の訪問国に選んだのでしょうか。答えは明快で、トランプ大統領はビジネスマン。サウジアラビアには世界を牛耳《ぎゅうじ》るオイルマネーが溢れているからです。

結果的に第一期トランプ政権の中東外交で最大の成果は、同じくオイルマネーに溢れるアラブ首長国連邦（UAE）と、先端技術に溢れるイスラエルの国交正常化の実現でした（二〇二〇年八月）。イスラエルが、アラブ諸国と国交正常化したのはエジプト（一九七九年）、ヨルダン（一九九四年）以来で、実に二六年ぶりの歴史的な出来事でした。

しかし第一期でトランプ大統領が実現できなかったのが、そのイスラエルとサウジアラビアの国交正常化でした。なぜならサウジアラビアはアラブ、イスラムの盟主で、いわば「最後の砦」の立場だったからです。

トランプ大統領は、第二期では、このやり残した宿題に優先順位をあげて取り組んでくる可能性は高いと私は見ています。イスラエルが持つＡＩ（人工知能）やサイバーセキュリティーなどの先端技術と、世界最大の産油国の豊富なオイルマネーが結び付けば、中東に巨大な経済圏が確立され、新たなビジネス機会が到来するからです。

このように、イスラエル（ユダヤ）とアラブ諸国が敵対関係にあったのはいまや昔のことで、いまの中東の構図は、政治面ではイスラエル（ユダヤ）とイラン（ペルシャ）及びその代理勢力の戦いに移ってきています。

二〇二四年四月には、在シリアのイラン大使館をイスラエルが爆撃したことへの報復として、中東史上初めて、イランがイスラエルを直接攻撃し、その後両国の報復合戦が続いています。またそれより前、二〇二三年一〇月には、（イランの支援を受けた）パレスチナのイスラム過激派組織ハマスがイスラエルを急襲、イスラエルのガザ地区への軍事作戦はいまも続いています。

＊

日本人からすると、中東はいまでも戦争状態で危険な地域と映っていても、やむをえないかもしれません。それは片面では事実だからです。しかし、その背後では、産油国のオイルマネーを巡り、アメリカ、中国、ロシアなどの大国が蠢《うごめ》いているのです。また、韓国、インドなどの新興勢力も中東のビジネス界に積極的に進出しています。

その産油国は、近年、オイルマネーが価値を有する間に脱石油依存を実現すべく、産業の多角化を急激に図り、外国の投資を呼び込もうと躍起になっています。

そういう中東のリアルはつゆしらず、残念ながら、いまでも日本人の多くは、中東は遠い地域として、他人事のようにとらえているのではないでしょうか。

しかし、現在の日本の原油輸入の中東依存度は、九五％を超えていて、そのうち、大半を産油国サウジアラビアとＵＡＥに依存しているのです。これらの国との強固で安定的な関係がなければ、いつか日本への原油が途絶え、日本人の生活は干上がってしまうかもしれません。

そして、これら産油国との関係強化のカギは「ビジネス」です。まさに第二期トランプ政権が中東で実現したいことと、日本が国益をかけて実現すべきことが合致しているのです。しかも、日本はアメリカと違い、原油を中東地域に依存しており（アメリカはシェール革命後、世界最大の原油生産国の一つです）、中東地域の安定は、アメリカ以上に日本の国益に直結するのです。

＊

私は、一九九四年に外務省に入省し、アラビア語専攻を命じられました。一九九五年からのエジプトでのアラビア語研修後、パレスチナ勤務時代にはアラファトPLO（パレスチナ解放機構）議長の通訳を務めた後、霞が関本省では、天皇陛下、皇后陛下、小泉総理、安倍総理（第一期）などの通訳官を務め、多数のアラブ諸国首脳との懸け橋として、日本の中東外交の最前線を目の当たりにしてきました。

現在は、ビジネスコンサルタントとして、日本と中東のビジネスの架け橋になるべく、毎月、日本と中東を往来し、変貌《へんぼう》する産油国を日々ウォッチしています。先ほども述べたように、サウジアラビアをはじめとするこれらの国々のスローガンは、「脱石油依存」。脱炭素、ＡＩ、ヘルスケア、再エネ、宇宙、メタバース、エンタメなどが彼らのキーワードです。そこにはまさに「新しい中東」が出現しています。

そのような「新しい中東」とこれから日本はどう付き合うべきか。

そもそも日本はどのような中東外交をこれまで展開してきたのか。

そして、これからどうしていくべきか。

それこそが、本書の真のテーマです。読者のみなさまと一緒に考える材料として、私がこれまで三〇年間見てきた中東世界、外務省で外交官として中東外交に関わってきた経験、知見を提供したいと思います。

また、さらに過去にさかのぼり、私の外務省時代の上司にもお話をうかがいました。元国連大使の吉川元偉《よしかわもとひで》氏、元サウジアラビア大使の奥田紀宏《おくだのりひろ》氏、元レバノン大使の大久保《おおくぼ》武《たけし》氏には、この場を借りてお礼を申し上げます（本書の内容についてはひとえに私の責任です）。

トランプ米大統領の再登場で世界が激変する時代において、この本を通じて、世界の主戦場となる中東のリアルについて、読者のみなさまの理解が深まるとすれば、これほどの喜びはありません。

二〇二四年一二月　中川浩一

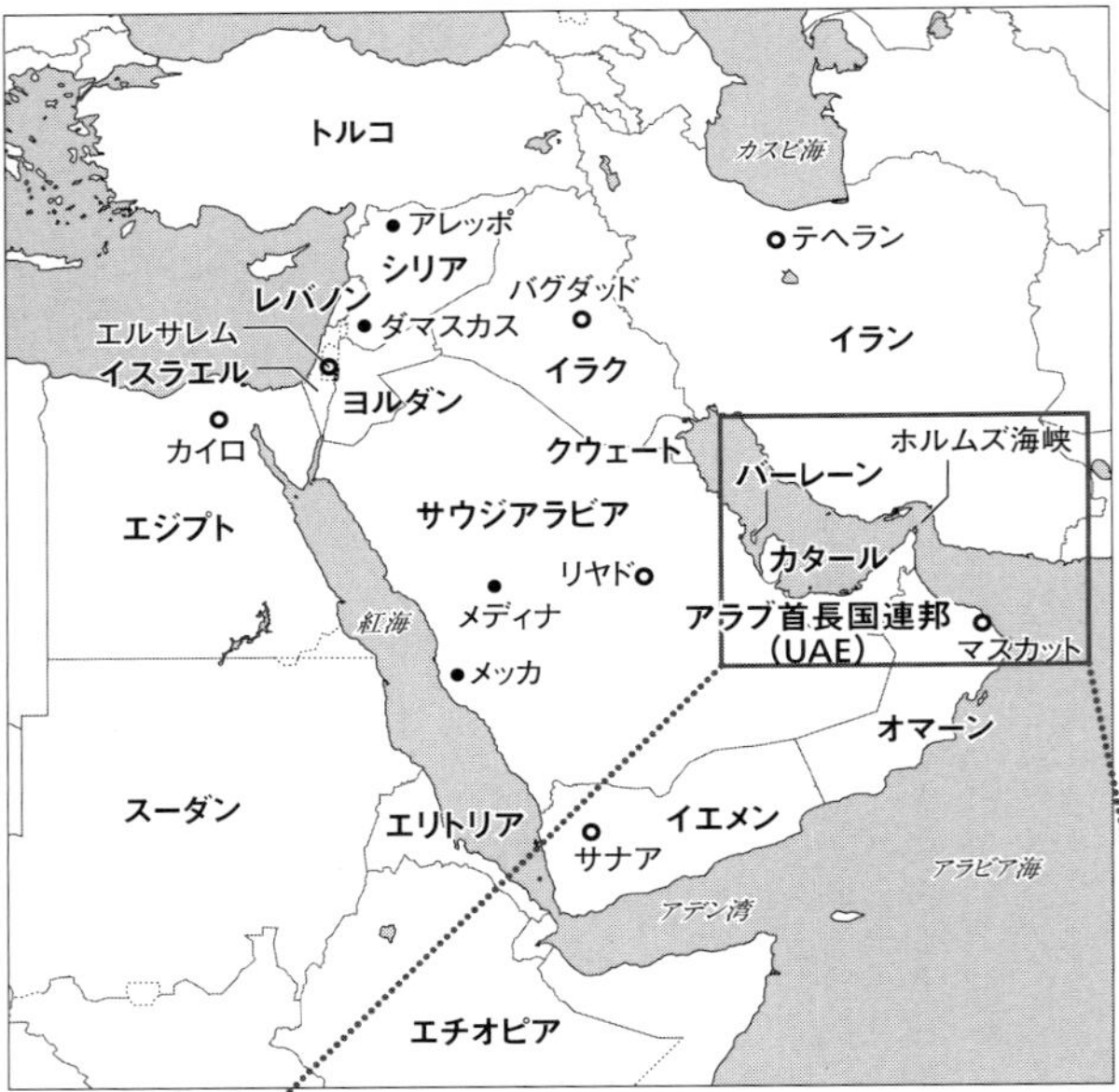
トルコ
カスピ海
アレッポ
シリア
テヘラン
レバノン
バグダッド
エルサレム
ダマスカス
イラン
イスラエル
イラク
ヨルダン
カイロ
ホルムズ海峡
クウェート
バーレーン
エジプト
サウジアラビア
カタール
リヤド
メディナ
紅海
アラブ首長国連邦
(UAE)
マスカット
メッカ
オマーン
スーダン
エリトリア
イエメン
サナア
アラビア海
アデン湾
エチオピア

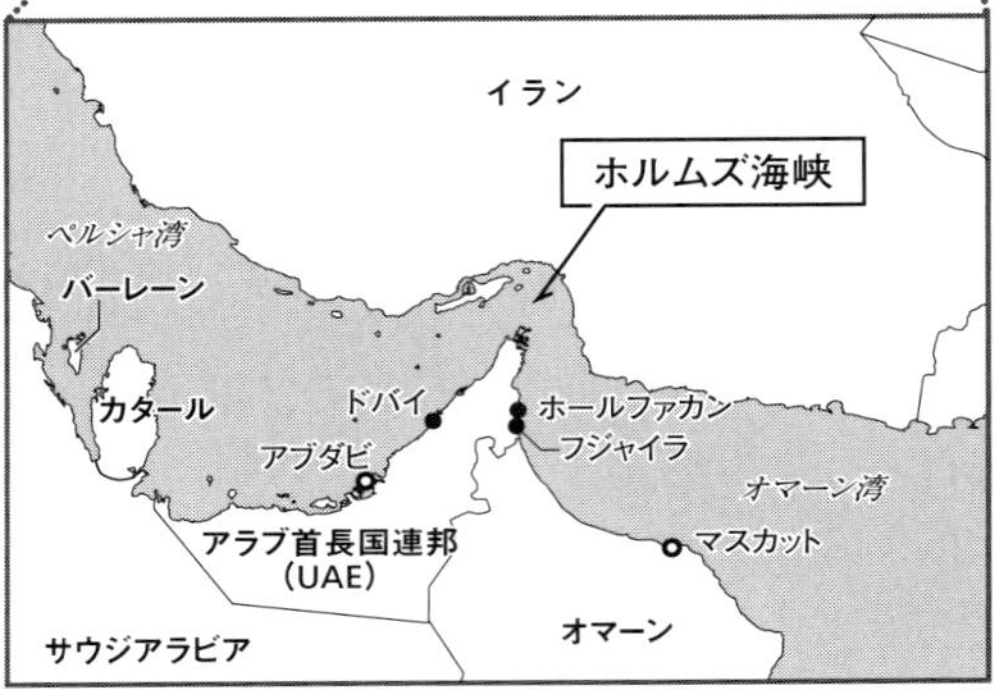
イラン
ホルムズ海峡
ペルシャ湾
バーレーン
カタール
ドバイ
ホールファカン
フジャイラ
アブダビ
オマーン湾
マスカット
アラブ首長国連邦
(UAE)
オマーン
サウジアラビア

本書関係地図

第1章 日本人が知らない「新しい中東」

1 「混沌」と「喧噪」のアラブ世界

アラビア語との出会い

夕暮れの砂漠に浮かぶラクダのシルエット、民族衣装に身を包む王族たち、現在も絶えることのないテロや戦争――。「中東」と聞いて、大多数の日本人が思い浮かべるイメージは、いまもこのようなものかもしれません。実は、外務省に入る前の私もまったく同じでした。

本書の主たるテーマは日本の中東外交ですが、それを論じる前に、まずは「中東」がいかなる世界なのかを読者のみなさんと共有しなければなりません。以下では、まったくの素人から中東を専門とする外交官となった私の体験をベースに、謎と不思議に満ちた中東世界を紹介してみたいと思います。

私と中東との関わりは、まったくの予期せぬ出会いから始まっています。一九九三年一〇月、翌春から外務省への入省が内定していた私のところに、外務省の人事課から電話がかかってきました。

「中川さんにはアラビア語をやってもらいますので、よろしくお願いします」

外務省では、入省する際に必ず「専門言語」が割り当てられることになっています。内定者は、第五希望まで書いて人事課に提出するのですが、とりたてて得意な言語がなかった私は、英語、スペイン語、フランス語など、いわゆる「ありきたり」な言語を書いて提出しました。アラビア語はどこにも書いていません。にもかかわらず、ふたを開けてみるとまさかのアラビア語への配属──私にとっては、まさに青天の霹靂《へきれき》でした。

いまとなってはお恥ずかしい話ですが、外務省に入ったとは言え、アラビア語への配属は本当に想定外だったこともあり、それがどの地域で話されている言葉なのかすら、当時の私にはよくわかっていませんでした。そこで慌《あわ》てて調べ、それが中東の二一の国と地域で話されている言語であること（中東で話されている他の言語についてはこのあと触れます）、また国連の六つの公用語の一つであることを初めて知ったのです。

実は、アラビア語は非常に汎用《はんよう》性の高い言語で、統計にもよりますが、使用人口は二億とも三億とも言われます。一方で、習得するのは大変難しい。たとえば、アメリカ国務省が定めている語学カテゴリーでは、アラビア語の習得は「最難関」のポジションに位置づけられています。

日本の外務省においてもアラビア語は最難関です。外務省に入省した職員は、割り当てられた専門言語の研修を受けます。外交官にとって、語学はすべての土台です。語学ができない外交官は、たとえて言うなら泳げない水泳選手と同じです。ですから、まずは国内で一年、次いで現地で二年、みっちりと語学研修を受け、外交官としての土台固めをすることになります。

なぜアラビア語が最難関と言えるのか。それは現地研修の期間を比較すれば一目瞭然です。先ほど述べたように、現地研修は二年が原則なのですが、ただ一つアラビア語だけは三年に設定されています。つまり、それだけ外国人にとって、特に日本人にとっては難しい言語なのです。

入省当時二四歳の私は、最難関と名高いアラビア語をゼロから習得し始めたのです。

学んだ言葉が通じない

現地研修に出る前の一年は、日本国内で、アラブ人の先生からアラビア語の基礎を教わりました。アラビア語の文字を書く、発音練習をするといった、もっとも基礎的な内容です。

それに続く三年間(一九九五年七月〜九八年六月)、私はエジプトで語学研修を受けました。当時、アラビア語の研修地はエジプト、シリア、ヨルダンの三か所でした(二〇一一年にアラブの民主化運動、いわゆる「アラブの春」がシリアでも発生し、シリア国内の治安が不安定になって以降はエジプト、ヨルダンの二か所のみ)。

エジプトと言えばピラミッドです。アラブ世界に疎《うと》かった私も、そのくらいのことは知っていました。ところが、シリアやヨルダンがどんな国で、何があるのかはほとんど知りません。その程度の知識レベルで、ともかく少しだけでもイメージしやすそうなエジプトに行った私は、そこで数々の洗礼を浴びることになりました。

まずは、現地で使われているアラビア語について説明しましょう。

現在のアラブ社会で使われているアラビア語は、テレビのニュースや新聞で使われる言葉と、日常会話で使われる言葉が大きく異なっています。前者はフスハー(正則語)、後者はアンミーヤ(方言)と言います。

両者はまったくの別物です。日本語で言えば、平安時代の古語と現代の日本語くらい、あるいはもっと離れていると言っても過言ではありません。別物であることを表現するたとえとして、東京の標準語と関西弁の差などと言われますが、実際はそれどころではありません。

同じアラビア語圏でも、国によってフスハーとアンミーヤの乖離《かいり》度合いは異なるのですが、エジプトはそれがもっとも離れている国でした。要するに、テレビで流れるニュースは理解できても近所のエジプト人とは話せない、エジプト人と話すことはできてもニュースはわからない——そういう事態が生じるわけです。

私が日本国内で習ったアラビア語はフスハーでした。つまり、フスハーを習ったことをもって「アラビア語を勉強した」という気持ちになってエジプトに行ったわけです。もちろん、人々が日常会話で使うのはアンミーヤだということは聞いていましたが、「そうは言ってもフスハーで通じるだろう」と少々高を括《くく》っていたのも事実です。

ところが実際に行って会話してみると、フスハーではまったく通じない。エジプトに到着し、エジプト人にフスハーで「お元気ですか?」と話しかけてみても、本当に理解してくれないのです。「そんなばかな」と思うかもしれませんが、これは誇張抜きの事実です。

会話ができないということは、日常生活を送ることが困難であることを意味します。エジプトに行った私は、その厳しさにまず直面しました。

秩序のない社会

もうひとつの洗礼は、日本社会との根本的な価値観の違いです。

初めてアラブの地に降り立った私にとって、当時のエジプトはまさにカオスでした。街には人や車、そしてロバがものすごく多く、交通ルールはあってないようなものです。驚いたことに信号がありませんし、そもそも車線がない。ひと言で言えば、秩序がない。これは強烈でした。

アラビア語の語学研修は、基本的に家庭教師とのマンツーマンで行われます。先生がたは広いカイロのあちこちに住んでいて、私は彼らのもとを訪ねる必要がありました。しかし、公共交通機関は発達していません。バスは走っているけれど、バス停の場所は非常にわかりづらく、外国人が利用するには難易度が高い。そうなると、自分で車を運転して先生のところに行くしかないのです。ペーパードライバーだった私は、必要に迫られてカイロで運転デビューを果たしました。

いざ走ってみると、さきほども言ったように信号がなく、車線もないので、割り込みは当たり前でした。夏になると、暑さで大型バスがしょっちゅうエンストを起こして、道の真ん中に止まっています。すると、もともと激しい交通渋滞がさらに激しくなって、みんなクラクションを鳴らしまくっている。

この混沌《こんとん》、この喧噪《けんそう》。私は衝撃を受けました。しかしいまになって振り返れば、「混沌」と「喧騒」こそがアラブ世界の本質であると思います。

2 アラブ世界を象徴する三つの言葉

すべては「神のおぼしめし」？

ここで、混沌としたアラブ世界を象徴するアラビア語を三つ紹介しましょう。これらはまとめて「ＩＢＭ」と呼ばれます。

最初の「Ｉ」は「インシャーアッラー」。直訳すると「神のおぼしめすままに」という意味の言葉です。

イスラム教が信仰されているアラブ世界では、ものごとはすべて人間ではなく神様、つまりアッラーが決めるとされています。たとえば、エジプトで家庭教師と授業の約束をするとき、「明日の三時に」と言うと、先生がたはみな「インシャーアッラー」と返してきます。約束は人間二人では決められない、神がおぼしめさないのなら、三時にはならないかもしれないというわけです。

アラブ世界に生きる人々とコミュニケーションを取る以上、「インシャーアッラー」は避けて通ることのできない言葉です。驚くべきことに、この言葉はタクシーの中でも使われます。

私がエジプト研修に出ていた当時、カイロを走るタクシーにカーナビは付いていませんでした。そのため、運転手に目的地の住所を伝えるのですが、なかなかたどり着くことができず、乗客の私が「そこを右に曲がって」「次を左に」と指示することが頻繁にありました。それに対して運転手が返す言葉は、「はい」とか「わかりました」などではなく、「インシャーアッラー」です。

右に曲がるかどうかも神のおぼしめし次第なのか――。当時、かなりのショックを受けたことを覚えています。

私なりにアラブ人の心の内を推し量ると、彼らは決して「何でもありなのだ」と言いたいわけではないはずです。しかし日本人の感覚からすると、どうしても「神がおぼしめさなかったらどうなってしまうの？」「約束を破ってもいいの？」と思ってしまう。アラブ人の発想では、「神がおぼしめすのは当然だからそんなに心配しなくていい」、ただし、「おぼしめさないときもあるかもしれないから、そうなってしまった以上は仕方がない」。そんなニュアンスが「インシャーアッラー」という言葉に込められています。

今日できることは明日やればいい

二つ目の「B」は「ブクラ」。アラビア語のエジプト方言で「明日」を意味します。ちなみにフスハーだと「ガダン」ですから、いかにアンミーヤと乖離しているかおわかりいただけると思います。

カイロで暮らしていたとき、自宅のクーラーが壊れたことがありました。カイロの夏は摂氏四〇℃を超えることも珍しくなく、クーラーなしでは過ごせません。現地の業者に修理を頼みたいのですが、日常会話に使うアンミーヤがまだうまく話せなかった私は、依頼の電話がかけられませんでした。

語学学習に励む方はよく実感されると思いますが、電話は本当の語学力が問われる局面のひとつです。身振り手振りなしに、言葉だけで相手と意思疎通を図らなければならないからです。それはアラビア語でも英語でも同じでしょう。

いまの自分にそれは無理だと考えた私は、直接お店に行って、「クーラーが壊れたので直してほしい」とジェスチャーを交えながら伝えました。そこで店員から返ってきた言葉が「ブクラ」です。「まあ、明日ね」ということです。

「では明日の三時に」と修理を頼んだものの、そこはさきほどの「インシャーアッラー」で、翌日の三時になっても修理の人はやってこない。五時頃にようやく電話でつかまったと思ったら、またもや「ブクラ」と言うのです。

日本では、「今日できることは今日のうちに」と言われることが多いですし、電車やバスは分刻み、約束は時間通りが当たり前です。一方、アラブ世界では「今日できることは明日やればいい」という価値観が強いのです。時間の感覚も日本のそれとはまったく異なっていて、分単位・時間単位どころか、一日単位・一週間単位の生活スタイルが当たり前です。そのことを理解しないと、完全にペースを狂わされてしまいます。

「謝ったら負け」の世界

三つ目の「M」は「マアレーシュ」。これもエジプト方言で、意味は英語で言うところの「Don't mind」(気にするな)です。

さきほども述べたように、信号も車線もなかったカイロの道路はカオスそのものです。ペーパードライバーだった私に比べて、エジプト人たちは無秩序な道路での運転を苦にしていないようでしたが、それでも軽い衝突事故はしょっちゅう起きていました。

そんな事故やトラブルの現場でよく聞かれたのが、「マアレーシュ」です。信じられないことに、「マアレーシュ」と言うのは事故を起こしたほう(加害者)です。つまり、加害者が被害者に対して「気にするな」と言っているわけで、これには心底驚かされました。このほか、落ち込んでいる人をなぐさめたりするときにも使います

誤解を恐れずに言えば、アラブは「謝ったら負け」の世界です。加害者ですら非を認めることはなかなかありません。たとえ自分は悪くなくても、場をまるく収めるためにすぐ謝ってしまう日本人とは大違いです。「マアレーシュ」は、アラブ世界の価値観が詰まった言葉と言えるでしょう。

以上「IBM」の言葉からもわかるように、日本とアラブ世界では価値観が大きく異なっ

ていて、何も知らずに当地で洗礼を浴びると、何を信じていいのかだんだんわからなくなってきます。現地研修でアラブ世界にやってきた日本人外交官の中にも、しまいにはノイローゼになってしまう方がいましたし、家族帯同で駐在に来たけれど、家族が音を上げて先に帰国してしまうというケースはしばしばありました。

好きになる人は大好きになる地域ですが、日本人が生活するにはタフな社会——それがアラブ世界です。

四つの言語圏、三つの宗教

三年間にわたるエジプトでの語学研修を終えた私は、希望がかない、パレスチナのガザに開設された日本政府代表事務所に勤務することになりました。外交官として最初の赴任地です。

当時の私はイスラエルのテルアビブに居住し、在イスラエル日本国大使館にも所属しながら、ガザやヨルダン川西岸に通う日々を過ごしていました。パレスチナとイスラエル以外にも、出張や旅行で中東の多くの国を訪れています。

そうやって実際に住んだり、足を運んだりしてみると、一口に「中東」と言っても実にさまざまな顔があることに気付かされます。中東は、地理的にも文化的にも本当に広くて多様なのですが、どうしても日本人の中東イメージは画一的になりがちで、まずはそこを改めていく必要があると思います。

以下では、要点を絞って「中東」を腑分《ふわ》けしてみましょう。

まず、私の原点でもあるアラブ世界があります。アラビア語を話し、イスラム教を信仰する人々の世界です。中東世界のマジョリティと言っていいでしょう。

次にイスラエルがあります。イスラエルは同じ中東といえども、アラブとはまったく別の世界です。人々はヘブライ語を話し、ユダヤ教を信仰しています。

さらにイランがあります。宗教は大部分がイスラム教で、言語はペルシャ語です。

ここにトルコが加わります。宗教は大部分がイスラム教で、言語はトルコ語です。

以上のように、中東には四つの言語圏（アラビア語、ヘブライ語、ペルシャ語、トルコ語）と、三つの宗教（イスラム教、ユダヤ教、少数派だが聖地がエルサレムにあるキリスト教）が存在しています。この事実だけでも、一口に「中東」と括ることの危険性がわかるかと思います。

また、中東地域は経済的な違いも大きいのが特徴です。日本にいると中東＝富豪のイメージがあるかもしれませんが、中東には「持てる国」と「持たざる国」があり、その貧富の格差はきわめて激しいものです。

富裕国の筆頭はサウジアラビアです。石油の輸出により莫大《ばくだい》な収入を得ている、世界最高峰のリッチな国で、アラブ世界のリーダーと言えるかもしれません。ドバイを擁するアラブ首長国連邦（UAE）も大変裕福な国です。

その一方で、パレスチナのガザや、イエメンのように、非常に貧しい国や地域もあります。歴史的に紛争が繰り返されているのは、貧しい国や地域が多いと言えるでしょう。

四つの言語圏と三つの宗教が重なり合い、豊かさと貧しさの両極に振れる中で、複数の民族が暮らしている――この複雑さこそが、中東という地域の最大の特徴です。

3 見方を狭める「語学の罠」

中東には複数の「入り口」がある

ここで強調しておきたいのが、さまざまな要素があまりに複雑に絡み合っている地域なだけに、外国人にとっては「どこから入るか」が非常に重要だということです。より踏み込んで言えば、中東世界の「外」に生きる人々にとっては、最初の一歩を踏み入れた国や場所が中東に対する印象や視点を決めてしまい、固定化させる原因となってしまうことが多いのです。

こうしたことは、何も中東に限ったことではないでしょう。たとえばアメリカでも、ニューヨークから入るかハワイから入るかで、その印象はまったく違うものになるはずです。同じヨーロッパでも、ドイツとスペインでは大きく違います。ただ、その違いがのちのちもたらす結果が、中東の場合は特に怖いのです。

私の場合は、アラビア語という入り口から中東に入っていきました。さきほども述べたように、語学ができるようになることは外交官にとって最優先課題です。また外交官に限らずとも、特定の国・地域について知りたいと思えば、そこで話されている言葉を勉強するのは非常に重要なことです。

しかし、そこには同時に「語学の罠」というものがあります。

たとえば、私は語学研修中、アラビア語で書かれた新聞を一生懸命読んでいました。語学の勉強のために読んでいたのですが、そこに書いてあることはどんなテーマであれ、イスラエルの悪口でした。

私がエジプトにいた時期を含む一九九〇年代は、イスラエルとパレスチナが和平達成にもっとも近づいた時代と言われています。一九九三年九月にはオスロ合意が締結されました。パレスチナ独立国家の誕生を目指し、その国家のあり方について五年かけて「交渉」する――それが同合意の核心でした。

しかし、交渉事ですからもちろん簡単には進みません。毎日のようにさまざまな問題が持ち上がり、メディアはそれを報じます。

アラビア語の新聞を読むと、交渉が進まないのはイスラエルのせいだと断定されています。当時、イスラエルは第一期ネタニヤフ政権時代でしたから、アラブ世界の新聞には「ネタニヤフが交渉を遅らせている」「愚かな政策だ」といった批判が、ネガティブな形容詞を並べたててみっちりと書いてあるわけです。私もいろいろなアラビア語の表現をそこで学びました。もちろん、そこにアラブを批判する言説は一切ありません。

アラビア語の勉強のために、イスラエルの悪口を毎日のように読む。アラビア語が読めれば読めるようになるほど、イスラエルの悪口がさらによくわかる。言うなればこれは一種の「洗脳」で、当時の私をひどく悩ませました。これこそが「語学の罠」です。

イスラエルに行ってみたら

エジプトでの現地研修にも徐々に慣れ、一年目が終わりを迎える頃、私は夏休みを利用し、イスラエルにある大学のサマーコースに通いました。アラビア語の新聞があれほど悪く書くイスラエルとはどのような国か、やはり自分の目で確かめる必要があると考えたのです。

すると、そこには驚きの世界がありました。混沌と喧騒を極めたエジプトと比べると、イスラエルはヨーロッパに近い超先進国だったからです。街には豊かな緑があり、花も咲いている。砂漠のエジプトとは大違いです。秩序もあって、バス停もわかりやすい。エジプト社会に翻弄されていた私には、何から何まで天国のように思えました。

以上は私の個人的な体験ですが、ここに、中東世界を知るうえで大事なポイントがあると思います。

さきほども触れたように、中東諸国の間には大きな経済格差があります。イスラエルは非常に裕福な国で、エジプト（スラム街も多い）やパレスチナは貧しい。実際に自分の目で見てみると、どう考えてもアラブ世界はイスラエルに勝てないと思うくらい、後者は豊かで近代化されていました。

では、イスラエル側に余裕があるかと言うと、そんなことはまったくありません。当地のイスラエル人に話を聞くと、彼らは彼らでアラブのことを徹底的に批判します。「オスロ合意後の交渉が進まないのは、アラブ世界のせいだ」「アラブ人は嘘つきで、一歩でもこちらが譲ると百歩は譲らされる」。そんな罵詈雑言《ばりぞうごん》を山ほど聞かされました。これでは交渉が進まないのも当然だなと思ったものです。

中東世界にはさまざまな対立があります。しかし、言語の壁が立ちはだかる日本人のもとに届く報道は、海外メディアを通じて翻訳された、「声の大きい」主張であることが少なくありません。

中東世界の対立を理解するうえでは、一方の主張だけを聞くのではなく、双方の意見に耳を傾けることが何より重要です。それは外交官に求められる資質でもあり、幸運にも私はイスラエル滞在によって肌感覚で理解することができました。

「入り口」が違うと見え方も違う

イスラエルにはアラブとは別の世界があると述べました。ここからイランに行くと、さらに別の世界が存在しています。

私が現地研修を受けていた頃、対イスラエルという点において、イランとアラブ世界は一致していました。しかし、彼らは決して対等ではありません。イラン人（ペルシャ人）からすると、ペルシャとアラブでは完全に「ペルシャが上」という意識です。表立って口にはしなくても、イランの人々はどこかでアラブ人を蔑《さげす》んでいます。

一方のアラブ人たちも、自分たちがいつかイラン（ペルシャ帝国）に飲み込まれるのではないかという潜在的恐怖を抱えています。かつてペルシャ帝国は中東世界一帯を支配していましたし、現在の世界地図を見てみても、イランという大国を横目にアラブの国々が点在しています。アラブ世界には、歴史的に「ペルシャの脅威」が存在するのです。

したがって、たとえば外国人が「ペルシャ語」という入り口から中東に入ると、いつのまにかアラブを蔑むようになってしまうことが往々にしてあります。これも「語学の罠」です。

では、中東の「外」に生きる人々がイスラエルに「洗脳」されるようなルートは存在するのか。もちろん存在します。その代表例が、「アメリカ」という入り口から中東に入るルートです。

アメリカの東海岸に行くと、多くのユダヤ人と知り合います。すると、イスラエルに暮らすユダヤ人たちがヘブライ語で語っていること、すなわちアラブやイランに対する批判と同じようなことを頻繁に耳にします。すると、そこで一つの見方ができてしまう。私はアメリカの日本大使館に勤務した経験があるので、そういう事態を何度も目の当たりにしました。

その端的な表れが、二〇二三年一〇月のハマス（パレスチナの武装組織）によるイスラエル急襲に始まったイスラエル・ハマス戦争への対応でしょう。学生らによる親パレスチナのデモが起きたりはしていますが、アメリカ政府は基本的にイスラエル擁護の姿勢を維持しています。

4　中東で展開される「洗脳合戦」

イスラエルのしたたかな外交

アラブ、イスラエル、イランのそれぞれの陣営は、中東の外に自分たちの味方を一人でも増やしたいと考えています。そのため、彼らは外交においても積極的な「洗脳合戦」を繰り広げています。

二〇二四年一二月現在、イスラエルとハマスの戦争が続いています。引き金となったのは、ハマスによるイスラエルへの奇襲攻撃でした（二〇二三年一〇月七日）。その後の展開を事例に、「洗脳合戦」の様相を見てみましょう。

日本政府は当初、この奇襲攻撃を「テロ」とは表現していませんでした。しかし、四日後の一〇月一一日にはこれを「テロ攻撃」だとして、ハマスを非難しています。

わずか四日の間に、何があったのか――実は、駐日イスラエル大使と日本政府要人との間で緊急の会談が設けられていました。イスラエル大使は、一〇日に秋葉剛男《あきばたけお》国家安全保障局長と、一一日に岡野正敬《おかのまさたか》外務事務次官と会談していますが、おそらくここで日本政府に「ハマスが行ったことはイスラエルに対するテロ攻撃である」と申し入れをしたのでしょう。したたかな外交です。

イスラエル側からすれば、それまでパレスチナからイスラエルへの攻撃を「テロ」と表現していなかった国、それも長年パレスチナ支援で実績を上げてきた日本のような国を、自国の味方に付けられるかどうかは非常に大きなポイントです。

日本政府の真意はどうであれ、イスラエルにとって「テロ認定」は大きな外交成果だっ

2024年2月に行われた、辻外務副大臣とイスラエル・カッツ外相の会談。卓上にはカットされたスイカが並べられ、モニターには “WE WON’T STOP” の文字が見える（外務省報道資料より）

たと言えるでしょう。

シンボルを使った広報戦略

のちに、日本の辻清人《つじきよと》外務副大臣がイスラエルを訪問した際（二〇二四年二月二八日）の写真も話題になりました。

辻副大臣はイスラエルのカッツ外務大臣と会談したのですが、その際、テーブルにはカットされたスイカが置かれていました。赤、黒、緑、白からなるスイカは、国旗に同じ色を使っているパレスチナのシンボルです。それを切って他国の外交団に食べさせようとしたわけです。

また、会談が行われた部屋のモニターには「We Won't Stop」（私たちはやめない）の文字が映し出されていました。「やめない」とは、ハマスの攻撃に対する報復としてイスラエルが進めた空爆などを指しています。

意味深長なシンボルを配した部屋で会談を行い、それを写真に撮らせてSNSやメディアで配信する――イスラエルの人たちが非常に長《た》けているところです。日本の外務副大臣の訪問は、その広報戦略にまんまとはまった形で行われたと言えるでしょう。外交においては、こうした「洗脳合戦」が公式・非公式を問わず、日々行われているのです。

私にはイスラエル人の友人も多くいますが、「サヴァイヴする（生き残る）こと」に対する彼らの思いの強さは、並外れたものがあります。自分たちユダヤ人は生きる土地を失ったが、長い時を経てそこに帰還し、この先ずっと自らの命はその土地とともにある――その思いが非常に強いのです。

そのため、自分たちがこの土地にいることの正統性をどうやって世界にアピールしていくかにものすごく力を入れており、その広報戦略にも長けています。

誰もが正しくて、誰もが正しくない世界

中東はどの入り口から入るかによって、その印象がかなり変わると述べてきました。言い換えれば、ある角度から見たときの正しさは、違う角度から見れば正しくない、ということです。

誰もが正しくて、誰もが正しくない世界——。一言で言えば、中東とはそのように形容することができるでしょう。

日本人が中東を語る際、この認識が共有されていないことがもっとも大きな問題だと私は感じています。多くの人は一つの立場（たとえばアラブ）しか見ていません。しかも、自分が一つの立場しか見ていないことにも気づいていません。物事には必ず裏と表があるはずなのに、裏はないと思っている。これはよくありません。

いわゆる「中東の専門家」と呼ばれる方たちが、そうした管見から逃れることができているかというと、必ずしもそうではありません。勉強を重ねていると「裏があるのではないか」と気づくタイミングは必ずやってきますが、都合よく目を閉じてしまう人は存外に多い。なぜなら自分はもう「こちら側」にいて、引き返しようがないからです。アラブ（のみ）を通して、ペルシャ語（のみ）を通して、あるいはアメリカやユダヤ人を通して「中東」

を知ってしまったから、その視点を相対化することができないのです。

立場を変えれば、世界はがらりと違って見える――当たり前のことですが、中東について理解を深めるうえでは、特に肝《きも》に銘じておきたいことです。アラブ人にとっての「正しさ」は、イスラエル人にとっての「正しさ」とはまったく別物なのです。

中東から遠く離れた島国に住む日本人としては、それぞれの「正しさ」とどう向き合っていくべきかを考える必要があります。そのような意識に欠けると、中東について知ろうと思っても、結局一つの立場に取り込まれてしまうでしょう。

イスラエル・ハマス戦争が起きてからというもの、日本では「イスラエルに理解を示すべきだ」「ハマスにも寄り添うべきだ」などと、単純化された二項対立の枠組みで議論が展開されています。

しかし外交においては、旗幟《きし》鮮明にすることが必ずしも正解であるとは限りません。中東世界で繰り広げられる対立、とりわけイスラエルとパレスチナの問題においては、単純な二項対立の枠組みで考えるのを避けねばなりません。そうした外交の「べき論」については、第3章以降で詳しく論じたいと思います。

5　変貌を遂げるアラブ世界

若きリーダーたちの台頭

本章の第2節で、アラブ世界の「混沌」と「喧噪」を象徴する三つの言葉についてお話ししました。何事も神のおぼしめし次第で（インシャーアッラー）、今日できることは明日やり（ブクラ）、加害者側が「気にするな」（マアレーシュ）と言ってのける――それがアラブ世界です。

ところが、そうした状況も少しずつ変化しています。本章の最後に、変貌《へんぼう》を遂げつつある「新しい」アラブ世界をご紹介しましょう。

多くの日本人は「産油国の人たちは働かずに裕福な暮らしをしている」というイメージを持っているのではないでしょうか。確かに、一昔前はそうでした。ところが、現実は大きく変わってきています。

裕福な湾岸諸国、すなわちサウジアラビア、クウェート、バーレーン、カタール、ＵＡＥ、オマーンなどでは、大胆な経済改革が進んでいます。それに伴って、人々はものすごく働

サウジアラビア王国		
	面積	215万km²（日本の約5.7倍）
	人口	3217万人
	宗派	スンニ派（85%）
	GDP	1兆1081億米ドル
	石油埋蔵量	2976億バレル（世界シェア17.2%）

外務省ウェブサイトより作成

くようになりました。

たとえば産油国の代表格であるサウジアラビアでは、現国王サルマンの息子で、若きムハンマド皇太子（一九八五年生まれ）が首相となって、さまざまな政策を取り仕切っています。

サウジアラビアでは、二〇三〇年に万国博覧会、二〇三四年にサッカーのワールドカップをそれぞれ単独開催する予定です。サウジアラビアの発展と改革を国外に誇示する一大チャンスですから、サウジアラビアの官僚たちは、若きリーダーのもとで猛烈な勢いで働いています。とても「インシャーアッラー」の世界ではありません。

サウジアラビアに限った話ではありません。湾岸諸国では「明日やる」では済まされないくらい成長が著しく、仕事習慣も変わりつつあります。

私が現地研修をしていた当時では、とても考えられない状況です。なぜそれほどまでに変貌を遂げたのでしょうか。その背景には、

UAE
（アラブ首長国連邦）

面積	8万3600km²（日本の約4分の1）
人口	989万人
宗派	スンニ派（80%）
GDP	4211億米ドル
石油埋蔵量	978億バレル（世界シェア5.6%）

外務省ウェブサイトより作成

石油の輸出に依存してきた湾岸諸国ならではの危機感があります。石油という資源は有限で、いずれ枯渇《こかつ》します。一方、世界規模で脱炭素の動きが年々加速しています。「いまはまだ大丈夫でも、原油だけではいずれは食べられなくなる」。その危機感が、湾岸諸国が経済改革に取り組む原動力となりました。

サウジアラビアを例にとりましょう。同国では、二〇一六年に「ビジョン２０３０」を策定し、石油依存から脱出して、包括的な発展をするための成長戦略を打ち出しました。それに伴って、宗教的な領域においても改革が進んでいます。たとえば、イスラム教の戒律遵守が厳格なサウジアラビアでは、女性による車の運転は禁じられていましたが、二〇一八年に解禁されました。また、女性が着用する黒いロングコート風の「アバーヤ」についても、着用の義務はないとの見解が示され、女性の服装が事実上自由化されました。

隣国のＵＡＥでも改革が止まりません。ＵＡＥは七つの首長国から成る連邦国家で、その一つであるドバイ首長国は、インバウンドに力を入れた観光立国として有名です。そのドバイでは、イスラム教で禁じられている飲酒がすでに解禁され、イスラム教徒以外に向けた豚肉販売も認められています。驚くべきことに、UAEはイスラエルとの国交正常化も果たしました（二〇二〇年）。ドバイのホテルに行くと、ユダヤ人も普通に泊まっています。私がイスラエルに住んでいた頃からは隔世の感があります。

規律と改革のはざまで

とは言え、アラブ世界が「何でもあり」になったわけではありません。

アラブの国々では、一日五回のお祈りや、断食月《だんじき》であるラマダン期間中は日の出から日の入りまで飲食を断つなど、イスラムの中心的な教えはいまも厳格に守られています。言い方を変えれば、それ以外の部分では、経済成長や国の発展とのバランスを考え、国ごとにさまざまな政策が採られていると言えます。

なぜ厳格な教えを一部見直したのでしょうか？　私には、彼らが弾力的な運用を目指したというより、「そうしていかないと生き延びられない」という危機感が、そうさせているように見えます。

その背景にある大きな要因として、アメリカの中東政策に起きた変化が挙げられます。中東地域におけるアメリカの軍事的・経済的存在感は、歴史的に見て、良くも悪くも非常に大きいものでした。しかしイラク戦争（二〇〇三〜一一年）を機に、アメリカの中東に対するコミットメントは小さくなっていきました（これについては第5章で改めて触れます）。

アメリカが中東政策を転換させてからというもの、中東各国の指導者は「自分の国は自分で守っていかなければいけない」という意識を強く持っています。自分たちの国を、他国に頼らず、どう繁栄させていくか——とりわけ若い世代の指導者には、その意識が強いように見受けられます。

サウジアラビアのムハンマド皇太子に代表される若い世代の指導者は、現在の国際情勢や経済状況に照らし合わせて、イスラム教の教えのもとで何が許され、何を守っていかなければいけないのか、そのバランスを絶えず考え、国の方針に反映させています。

とは言え、指導者が年長の国では改革のペースが遅い傾向にあるため、一括りに中東全体が変わってきたと言うことはできません。また、指導者の年齢以上に大きいのが、その国の「豊かさ」の度合いです。貧困レベルがあまりにも高い国や地域、たとえばパレスチナやイエメンなどでは、誰が指導者になっても急速な社会改革は難しいでしょう。

以上のように、一口に「中東」と言ってもその様相は国や地域ごとにまったく異なります。いまも昔も、中東は一つのイメージで語れるような単純な世界ではありません。

中東依存国家・日本

日本から見ると、中東は地理的に遠い地域です。しかもここまで見てきたように、その政治的・文化的・経済的な様相は複雑で、決して一筋縄ではいきません。では、そのように一筋縄ではいかない国々や人々のことを、なぜ私たち日本人が理解しなければならないのでしょうか。

答えは単純明快です。それは、日本が世界トップクラスの「中東依存国家」だからです。日本が石油の輸入の多くを中東に頼っていることはよく知られています。では、具体的にどのくらいの割合を中東から輸入しているかはご存じでしょうか。近年、日本はますます中東依存を高めていて、月によっては原油のほぼ一〇〇パーセントを中東から輸入しています。これは、世界的に見ても驚くべき依存度です。

日本はかつて、一九七〇年代に二度のオイルショックを経験しました。中東情勢の不安定化を機に、産油国が石油価格を上昇させ、石油の減産に動いたことが主な原因です。

当時の日本は、原油の八割以上を中東から輸入していましたが、オイルショックを教訓として原油輸入先の多角化に動きます。具体的には、中国やインドネシアからの輸入を増やすことで、中東への依存度は八〇年代後半には六〇パーセント台にまで下がりました。

ところがその後、中国や東南アジアの経済発展にともなって当地の原油需要が増加すると、輸入が難しくなってしまいました。日本はロシアからの輸入を増やして対応しましたが、中東への輸入依存度は再び八割を超えるようになります。二〇二一年には九二・五パーセントに上昇しました。

そして二〇二二年、ロシアによるウクライナ侵攻が始まると、日本を含むG7はロシアからの原油の禁輸を決定し、日本が輸入する原油の中東依存度はさらに高まり、二三年二月には実に九八・一パーセントを中東産が占めるに至ったのです。内訳は、サウジアラビアが全体の約四割、UAEが約三割、これにクウェート、カタール、オマーン、バーレーンが続いています。

現在、石油の輸入をこれだけ中東に依存している国は日本以外に存在しません。しかしながら、その事実を普段から意識している日本人はどれだけいるでしょうか。残念ながらほとんどいない、というのが私の実感です。

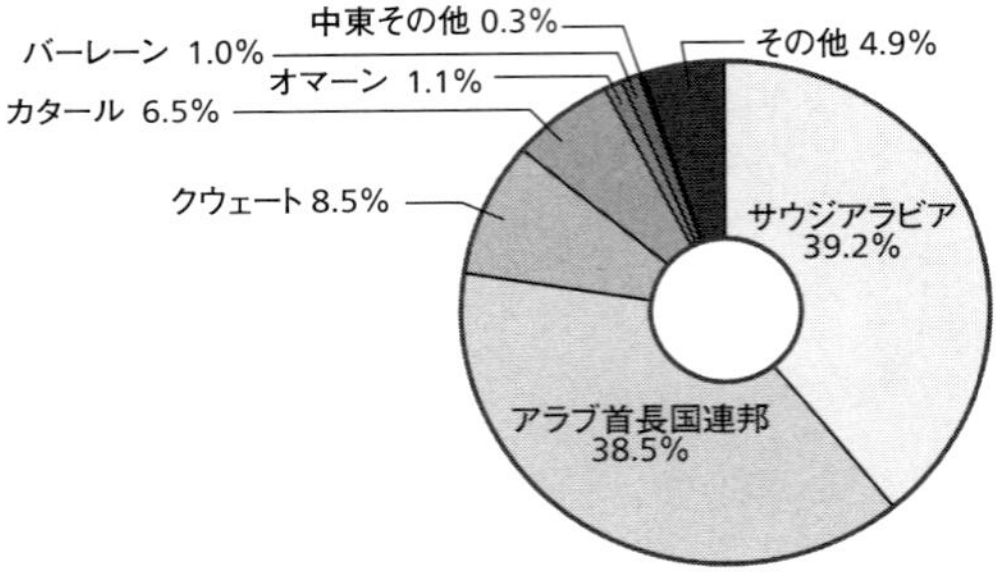

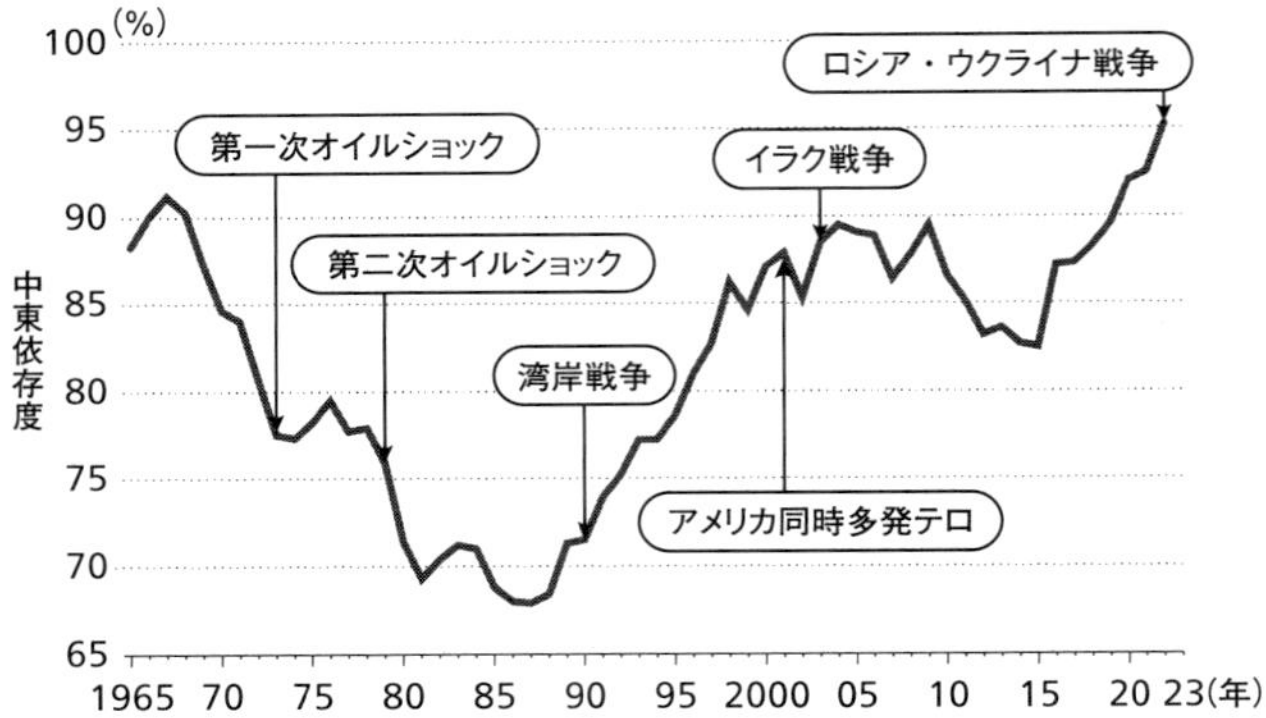

日本の原油輸入先および中東依存度の推移(石油連盟統計資料より作成)

これまで日本は、自分たちが必要とする量の原油を、安定的に中東から輸入してきました。それを可能としたのは、日本の平和外交であり、官民で行っているさまざまな関係づくりです。しかし、良好な関係がこの先も続くという保証はどこにもありません。

日本にとって最悪のシナリオは、原油輸送の要衝《ようしょう》であるホルムズ海峡《かいきょう》が封鎖される事態です。二〇二四年四月および一〇月にイランがイスラエルを弾道ミサイルなどで攻撃し、イスラエルがさらに報復する事態となっている現在、その可能性は決してゼロではありません。もしホルムズ海峡が封鎖され、中東から原油が輸入できなくなったとしたら、日本はどうなるでしょうか。日本のエネルギー自給率は一〇パーセント強です。中東からの輸入が途切れたら、私たちの生活は立ち行かなくなるでしょう。

中東を知ることは「教養」ではない

日本ほど中東が不安定化したら困る国はない――。この厳然たる事実こそが、私たち日本人が中東に関心を持たなければならない最大の理由です。

日本人にとって、中東を知ることは「教養」ではありません。これは声を大にして言っておきたい。中東は私たちの生活そのものに関わる。その点を忘れてはなりません。

イスラエル・ハマス戦争の衝撃は非常に大きく、この戦争をきっかけに多くの人が中東への関心を高めました。あの戦争はなぜ起きたのか、イスラエルとパレスチナはなぜ対立するのか、長い歴史を経ても解決しないのはなぜか――。こうした疑問に応えるため、私も『ガザ――日本人外交官が見たイスラエルとパレスチナ』『中東危機がわかれば世界がわかる』（いずれも幻冬舎新書）という本を出版し、ありがたいことに多くの反響をいただきました。

しかし繰り返しますが、中東と日本は「勉強」で済む関係ではありません。中東について知ることは、私たちの生活を守ることに直接つながる「手段」なのです。

日本人が快適な生活を続けていくため、すなわち中東から石油を安定的に輸入していくためには、中東一帯の安定化がなによりも重要です。

その安定を作り出すために、日本はどのような貢献ができるのか。石油依存経済からの脱却を目指す湾岸諸国の危機感に、日本としてどのように寄り添い、いかなる分野で協力していくべきなのか。こうしたことを日本人が知恵としてもっと考え、受け継いでいく必要がある――アラビア語との格闘が始まった一九九四年以来、中東と関わり続けている私が強く確信していることです。

長らく外交官を務めてきた私は、中東に対する日本国民の関心が、アメリカや中国に対するものと比べると著しく低いことをまざまざと実感しました。諸外国との良好な関係を維持し、さらに発展させていくためには、国民の関心が何よりの原動力となります。この本をきっかけに、単なる一過性の「教養」ではない、未来を作るための知恵をみなさんと考えていきたいと思います。

第2章 原油はいつまで「最強のカード」か？

1　原油が生み出す膨大な富

すべては油田の発見から始まった

第1章では、複雑で一筋縄ではいかない中東のリアル、変貌を遂げる中東の現在、そして、日本にとって中東がいかに重要な地域であるのかを見てきました。

そこで確認したように、日本と中東を結びつけるもっとも大きなファクターは原油です。そこで本章では、切り口をあえて原油に絞り、そこから見えてくる中東の実態を深掘りしてみたいと思います。

まずは、中東における原油生産の歴史を簡単に振り返っておきましょう。

いまでこそ「中東と言えば石油」というイメージが定着していますが、中東における原油生産の歴史はそれほど古いものではありません。中央地域における最初の油田は、一九〇八年、イランで発見されました。一九二〇年代になると、湾岸地域に膨大な石油が埋蔵されていることがわかり、一九三八年、サウジアラビアのダンマン油田、クウェートのブルガン油田が発見されます。

基礎知識として押さえておきたいのは、中東の石油生産は、世界で初めて石油産業が興ったアメリカをはじめとする、欧米の国際石油会社（メジャー）の主導で進められたという事実です。

そもそも当時の中東は、第一次世界大戦でオスマン帝国を破ったイギリスとフランスに支配されており、アラビア半島中部のサウジアラビアも一九三二年に王国として成立したばかりです。彼らは石油を採掘する技術を持っていなかったため、油田の開発や採掘はメジャーが行い、中東の国々はその利権料を受け取る――そういったモデルで生産が進められました。

産油国が持つ絶大な影響力

中東の原油生産が急速に本格化したのは、第二次世界大戦後のことです。タンカーやパイプラインの導入によって輸出量の増加や効率化が図られ、かつて石油輸出大国だったアメリカに代わって存在感を増します。利益を独占していたメジャーに所得税を課して、利益の半分は産油国政府の収入とする利益折半方式が普及し、中東各国がこれを導入していきました。

一九六〇年、産油国であるイラク、イラン、クウェート、サウジアラビア、南米ベネズエラの五か国が石油輸出国機構（ＯＰＥＣ）を設立し、石油価格の安定や産油国の妥当な収入の確保を目的に、定期協議を行うようになりました。その後、ＯＰＥＣの加盟国は増加し、産油国による石油会社の国有化や事業参加も進みました。こうして産油国は、欧米の国際石油会社に代わって完全に主導権を握るようになったのです。

のちに、ＯＰＥＣが世界経済に大きな影響力を示す大事件が起こりました。一九七三年の第一次オイルショック、七八年の第二次オイルショックです。

第一次オイルショックの引き金となった第四次中東戦争（イスラエル軍と、エジプト・シリア軍の武力衝突により始まった戦争）の際には、ＯＰＥＣ加盟国とアラブ石油輸出国機構（ＯＡＰＥＣ）が原油価格を七割も引き上げました。また、ＯＡＰＥＣはイスラエル支持国への石油禁輸措置も発動しています。

原油価格の上昇は急速な物価上昇を引き起こし、日本の経済成長も鈍化しました。トイレットペーパーをめぐる大騒動もよく知られるところです。産油国の出方次第で私たちの生活が一変してしまう——歴史の教訓として記憶しなければならない出来事です。

石油が「独裁」を可能にする

かくして、原油は中東の産油国に莫大な利益をもたらしました。日本人が中東に対して持つイメージの一つである〝砂漠で優雅に暮らす王族〟も、この富のおかげで存続しています。

近代に入って以降、世界的に見て君主制は廃止される傾向にあります。ドイツ帝国やオスマン帝国といったかつての超大国も、いまから一〇〇年ほど前に共和制に移行していきます。ところが、産油国であるサウジアラビア、アラブ首長国連邦（UAE）、カタールなどでは、二一世紀になっても君主制や首長制が続いている。なぜでしょうか？

その理由も原油で説明することができます。自国に石油があり、その輸出による豊富な収入があるから、君主や首長に対する民衆の不満をかわすことができるのです。

たとえばサウジアラビアでは、石油や天然ガス事業全般を行う「サウジアラムコ」は国営企業ですし、その事業計画などを決定する国の経済開発評議会の議長は、首相であるムハンマド皇太子が務めています。

日本やイギリスにも皇室や王室がありますが、皇室や王室のメンバーが直接政治を行うことはありません。一方、石油を産出する湾岸諸国では、王族や首長たちが政治を担います。

これは、「支配層」と「一般市民」が明確に区別されていることを意味します。湾岸諸国では、一般市民が一生懸命に勉強して立身出世し国を治める、といったことはあり得ません。身分がはっきりしています。

産油国の国民が送る暮らし

こう聞くと、市民のあいだに不満が高まるのではと思ってしまいますが、湾岸諸国ではそうとも限りません。

なぜならば、サウジアラビアやＵＡＥなどの産油国はあまりに国が豊かなため、国民の中に貧困層がほとんどいないからです。溢れんばかりの石油と、その恩恵をうまく使った政治のおかげで、国民にも裕福な生活が与えられています。たとえば、サウジアラビアやＵＡＥでは、小学校から大学までの教育費は無料ですし、医療費も無料です。国民の費用負担は一切ありません。

とはいえ、国民に不満がまったくないわけではなく、ＳＮＳを見ると炎上が起きていることもあります。ただ、それらもたいていはイスラエル寄りの発言をした外国人に対する反発などで、王族に対する激しい抗議やデモなどは、いまのところ起きていないと言っていいでしょう。

二〇一〇年代にアラブ諸国で起きた大規模な民主化運動「アラブの春」ですら、産油国には決定的な影響を及ぼしませんでした。

湾岸諸国の人々の中に民主化を望む声がないとは言いませんが、その声が支配層への不満として巨大な運動につながることはありません。「アラブの春」で独裁政権が倒れたエジプトやチュニジアなどの国々と違って、湾岸諸国の国民は貧しさを感じてはいなかったからです。日々の生活に不安がなければ、一般庶民は動かない。世界の厳しい現実です。

サウジアラビアやＵＡＥの統治形態は、支配層が普通選挙で選ばれていないという意味では「独裁」と言えます。

私たち日本人は、「独裁よりも民主主義がいい」という前提で物事を考えます。ただ、国民が貧困に陥るかどうかは、その国の統治形態とは本質的に関係がありません。サウジアラビアやＵＡＥの例を見ると、そう言えるのではないかと思います。

それを可能にするのは、君主や首長の人格や能力ではなく、石油がもたらす膨大な富です。「持てる国」と「持たざる国」の格差を思えば何とも不公平ですが、これればかりは「石油がそこにあるから」なので、致し方ないと言えます。

「持てる国」と「持たざる国」の格差

湾岸諸国に富をもたらしたのは石油ですが、なかには例外もあります。まったく石油が採れないのに、裕福になった国や都市もあります。

その代表がドバイでしょう。ドバイはＵＡＥを構成する首長国ですが、石油がほとんど採れないため、徹底的に観光に力を入れることで、名だたる大都市にまで発展しました。同じＵＡＥの構成国で、首都アブダビがあるアブダビ首長国では莫大な石油が産出するのですが、それと差別化する道を選んだわけです。

とはいえ、ＵＡＥのドバイのように、石油以外で食べられる国や都市はほとんどありません。中東に位置する多くの国や都市は、石油も採れず、政治も安定せず、経済的に困窮しています。

エジプト・アラブ共和国

面積	100万km2（日本の約2.7倍）
人口	1億1099万人
宗派	スンニ派（90%）
GDP	4768億米ドル
石油埋蔵量	31億バレル

外務省ウェブサイトより作成

エジプトを例に挙げましょう。悠久の歴史を誇るエジプトは、文化的にも政治的にも大国と言える存在で、中東で一定の尊敬を集めています。ただ、経済的にはなかなか裕福になれず苦しんでいます。「アラブの春」で民衆の不満が爆発し、ムバラク独裁政権を倒したのは先述のとおりです。

その後も、エジプト経済は不安定なままです。二〇二二年に始まったロシア・ウクライナ戦争によってさらなる窮地に立たされています。小麦輸入の約九割をロシアとウクライナに頼ってきたエジプトでは、輸入が滞ったため小麦価格が急激に上昇し、主食となるパンの値段が大幅に上がりました。市民の生活は圧迫され、一時は大規模なデモが起きかねない状況となりました。

繰り返しになりますが、中東には「持てる国」と「持たざる国」があります。私が問題だと考えるのは、その格差がますます広がっていることです。

産油国は石油で得た膨大な富を土台に、権力が盤石な若きリーダーが新しい国のかたちを模索している。一方で、石油が産出しない国では民衆が日々の生活にも困り、政治への不満を鬱積《うっせき》させています。このマグマが溜まり、いつかまた爆発するのではないか——そんな懸念を持っています。

2　外交カードとしての原油

超大国アメリカのジレンマ

中東の産油国は、国際政治や世界経済にも大きな影響を与えています。以下では、主にアメリカとの関係からその実態を見てみましょう。

さきほどＯＰＥＣの話題を出しましたが、その設立以来、中心的な役割を担っているのはサウジアラビアです。二〇一六年、ロシアやメキシコなどのＯＰＥＣ非加盟国が加わった「ＯＰＥＣプラス」という枠組みが生まれましたが、そこで大きな力を持っているのもやはりサウジアラビアです。

実は現在、世界一の石油産出国はアメリカです。二〇〇〇年代半ば以降、シェールガスやシェールオイルの採掘が本格化し、産出量が一挙に増加しました。ただし、アメリカはOPECプラスに加盟していませんから、サウジアラビアが大きな影響力を持つのは当然と言えます。

二〇二二年、ある象徴的な出来事がありました。同年一一月、アメリカでは中間選挙がありましたが、ロシアによるウクライナ侵攻などを背景として、選挙期間中に原油価格が高騰《こうとう》したのです。アメリカでもガソリン価格が跳ね上がり、国民生活に大きな影響が出ていました。

アメリカは日本以上の車社会です。このままガソリン価格が上がり続ければ、一般国民の不満は爆発し、中間選挙に影響が出かねない状況でした。

しかし、民主党のバイデン大統領は気候変動対策を重視しており、その国際的枠組みであるパリ協定の遵守を重視する立場です。したがって、ガソリン価格が高騰したからと言って、アメリカが石油の大幅増産に動くわけにはいきません。

では、どうするか――。バイデン大統領は選挙に先立つ七月、二〇二一年一月の大統領就任以来、初めて中東諸国を訪問しました。そこでサウジアラビアのムハンマド皇太子と会談し、石油の増産を依頼したのです。

人権をとるか、石油をとるか

このサウジアラビア訪問は、バイデン大統領にとって屈辱的なものでした。というのも、バイデン大統領はサウジアラビアの人権状況を問題視していたからです。そのきっかけは、二〇一八年に起きたサウジアラビア人ジャーナリスト、ジャマル・カショギ氏の殺害事件です。アメリカ政府は、この事件の首謀者がムハンマド皇太子だったと発表していました。そのムハンマド皇太子に「石油をください」と言いに行くわけですから、バイデン大統領にとっては屈辱以外の何物でもないでしょう。

それればかりでなく、一歩間違えれば「石油のために人権問題を棚上げするのか」とアメリカ国内から批判もされかねない状況です。民主党支持者は、環境問題のみならず人権問題にも敏感ですから、その恐れは十分にありました。

バイデン大統領は、サウジアラビア訪問にあたって、サルマン国王に会いに行くと説明をしていました。しかし、サウジアラビアで実権を握っているのはムハンマド皇太子ですから、彼に会わないことには石油は増産されません。

本心では気乗りしないバイデン大統領が面会に行くと、ムハンマド皇太子が大統領を出迎えました。アメリカ留学の経験もある皇太子がフランクな感じで拳《こぶし》を差し出すと、バイ

2022年7月、サウジアラビアを訪問したバイデン米大統領は、ムハンマド皇太子と拳を合わせた（写真提供:Balkis Press／ABACA／共同通信イメージズ）

デン大統領もそれに合わせて拳を出し、二人はグータッチをします。その写真は世界に配信されました。

これには、アメリカ国内から批判の声が上がりました。「人権侵害が疑われる人物と何をやっているんだ」というわけです。しかしバイデン大統領としては、そんな批判を受けることも覚悟のうえでした。それほどまでに、ガソリン価格の高騰を抑えることが重要だったのです。

極端な言い方をすれば、世界最大のパワーを持つ超大国の大統領が、人権と石油を天秤にかけて後者を選んだ瞬間でした。

サウジアラビアと中国の蜜月

この話にはまだ続きがあります。

バイデン大統領は、ムハンマド皇太子との会談で石油増産を依頼しました。しかし実を言えば、原油価格高騰によって潤っているサウジアラビア側に、値下げを招く増産を行う積極的な理由はありません。

では、どうするか――。半年後、ムハンマド皇太子は石油の大幅減産を決定しました。サウジアラビア側からすれば、人権問題を理由に関係を悪化させてきたアメリカに対する強烈な意趣返しです。屈辱に耐えながらサウジアラビアを訪問したバイデン大統領の胸中はいかばかりだったでしょうか。

バイデン大統領の訪問から五か月後の二〇二二年一二月、今度は中国の習近平国家主席がサウジアラビアを訪れました。訪問の目的は、包括的な戦略パートナーシップの協定を結ぶことでした。騎馬隊に先導された習主席は、宮殿でムハンマド皇太子に盛大に出迎えられました。

サウジアラビアにとって、石油需要が伸び続けている中国は重要なお得意様です。加えて中国は人権問題を重視しませんから、パートナーとしてもやりやすい。結局、ムハンマ

2022年12月、サウジアラビアを訪問した習近平中国国家主席を出迎えるムハンマド皇太子(写真提供:新華社／共同通信イメージズ)

ド皇太子と習主席は友好ムードの中で協定を結び、両国の発展のために投資することを約束したのでした。

ムハンマド皇太子は、完全にバイデン大統領の足元を見ていました。ガソリン価格の高騰を止めるために石油の増産を依頼する立場にありながら、カショギ事件を批判しないことには、民主党支持者から大批判を食らってしまう。バイデン大統領にはそのジレンマがありました。しかも、数か月後に中間選挙を控える大事な時期です。

アメリカと中国は、世界の二大大国と言っていいでしょう。そのトップが相次いでサウジアラビアを訪れ、まったくもって対照的な結果に終わったわけです。二〇二二年後半に起きた出来事は、原油の「強さ」をあらためて物語るものだったと思います。

3　「脱石油」時代の新潮流

UAEが脱炭素の国際会議を開いた理由

原油が依然として強力なパワーを持つ一方で、中東の産油国が「いつまでも石油資源に頼っているわけにはいかない」と考えていることについては、第1章で触れました。以下では、こうした産油国の動きをより詳しく見ていきたいと思います。大きく取り上げるのは、日本の原油輸入先第一位のサウジアラビア、第二位のUAEです。

二〇二三年一一月三〇日～一二月一三日にかけて、UAEのドバイで国連気候変動枠組条約第二八回締約国会議（COP28）が開催されました。世界の主要な産油国の一つであるUAEで、脱炭素を目的とした国際会議が開催される――これは非常に大きな注目を集めました。

COP28で議長を務めたスルタン・ジャベル氏は会場で熱弁を振るった(写真提供:Beata Zawrzel/NurPhoto/共同通信イメージズ)

これに対して、いわゆる環境保護派から批判の声が上がりました。環境保護派が求める脱炭素には、さまざまな技術的方法・手段がありますが、ごく簡単に言えば「石油の使用をやめよう」ということにつきます。世界屈指の石油産出国であるUAEで、COPを開催することに抵抗を感じるのも理解できます。そのうえ、COP28で議長を務めたのはアブダビ国営石油会社(ADNOC)の総裁でした。これには環境保護派から「何ごとだ!」との声が上がりました。

しかし第1章で強調したように、世界には「こちらからの見方」もあれば「あちらからの見方」もあります。

産油国であるUAEからすれば、自国に都合がよくなる方向に脱炭素の議論をリードしたい、すなわち、いきなり脱石油に向かうのではなく、段階を追って進めるというシナリオに着地させたいという思惑があるでしょう。また、産油国がCOP開催に名乗りを上げることのリスクは重々承知のうえで、自分たちも脱炭素という「世界共通の目標」の達成に貢献したい、という意思表示であると見ることもできます。

産油国が気候変動に関するCOPを開催するなんて、かつては想像もできなかった事態です。石油依存からの脱却を図る産油国の本気度を見て取るべきではないでしょうか。

「レンティア経済」からの脱却へ

国内の生産活動に課税するのではなく、国外からの天然資源に基づく収入に頼ることを、経済用語で「レンティア経済」と言います。湾岸諸国はレンティア経済の典型で、石油というほぼ単一商品の輸出による収入だけで国民が食べているのが現状です。レンティア経済の維持に限界があることは、湾岸諸国のなかでは比較的早くから認識されており、近年はその動きが加速したと見るべきでしょう。

もちろん、彼らも原油を捨てたわけではありません。ロシア・ウクライナ戦争によって引き起こされた原油価格の高騰は、世界の人々が原油なしには生きていけないという現実を再び浮き彫りにしました。いまなお原油は「最強のカード」なのです。

しかし、原油に頼り続けることもまた現実的ではない。地球温暖化は進み、異常気象などその弊害がすでにあちこちに現れています。

EU（ヨーロッパ連合）は、脱炭素に向けた取り組みを強力に推進しています。この流れは基本的に止まらないでしょう。

アメリカの場合は、誰が大統領になるかによって環境政策が大きく変わるという不安定さを孕《はら》んでいます。民主党のバイデン大統領は脱炭素推進派でしたが、共和党のトランプ大統領は気候変動に懐疑的で、第一期の在任中にパリ協定から離脱しました。二〇二四年一一月の大統領選挙で勝利したトランプ氏が、第二期政権でどういった政策を志向するかは不透明な部分もありますが、こと環境政策については、パリ協定からの再離脱など、脱炭素に逆行する政策を進める可能性が高いと思います。

湾岸諸国はどうでしょうか。UAEは、温室効果ガスの排出を全体としてゼロにする（カーボンニュートラル）脱炭素社会を、二〇四五年までに実現するという目標を掲げています。サウジアラビアは二〇六〇年までです。日本の目標は二〇五〇年までですから、いかに湾岸諸国が本気になって脱炭素の目標を設定し、改革を始めているかがわかるかと思います。中東を長年見てきた私の目にも、湾岸諸国は脱炭素に向け実現可能な計画を立て、それを着実に実行していくという強い意思を持っているように見えます。

アメリカ中東外交の失敗

ここで、中東とアメリカの関係について補足しておきましょう。UAEやサウジアラビアがレンティア経済からの脱却を目指すようになったのは、中東におけるアメリカの存在が変化したことが大きな要因です。

第1章で、かつての中東ではアメリカの影響力が非常に大きかったと述べました。たとえば、サウジアラビアとアメリカの間には、エネルギーと安全保障のスワップ（交換）という名目で同盟関係が成り立っていました。サウジアラビアが原油を含めたエネルギーをアメリカに輸出する代わりに、アメリカがサウジアラビアに軍事的な安全を保障するというものです。

ところが、二〇〇〇年代後半にその関係に変化が起こります。引き金となったのが、アメリカで起きたシェール革命です。シェール層と呼ばれる岩石の層には、石油や天然ガスが含まれます。これを掘削することのできる新しい技術が開発され、アメリカでは国内における効率的なエネルギー生産が本格化しました。

この技術革新によって、アメリカのエネルギー輸入量は減少しました。つまり、エネルギーを中東に頼る必要がなくなったのです（ところが結局のところ頼らざるを得なくなった、というのが先に述べたバイデン大統領のサウジアラビア訪問です）。

加えて、アメリカにはイラク戦争（二〇〇三〜一一年）という負の遺産があります。アメリカを主体とする多国籍軍は、イラクが大量破壊兵器を保有しているという理由で、同国に侵攻してフセイン政権を打倒しました。ところが、大量破壊兵器は発見されず、約八年にわたる戦闘でアメリカ軍に死者約四五〇〇人、負傷者三万人以上という多大な犠牲が生じました。

なぜわれわれが、中東のためにここまで犠牲を払わなければならないのか——戦争が長引くにつれ、アメリカ国民のあいだにこのような疑問が生じたのも当然でしょう。

以上の理由から、アメリカが中東に関与する度合いは、経済的にも政治的にも軍事的にも低下し続けました。エネルギーは自給することができるし、軍の派遣は国民の支持を得ることができない。中東への依存や関与は減らしていく、というのは至極真っ当な流れに思えます。

このトレンドを中東の湾岸諸国から見れば、アメリカに頼らない国家運営が急務となったことを意味します。世界的に原油の価値が高いうちに、自国の経済をいかに改革し、新しい未来を描くことができるか。彼らにとってはそれが課題であり、ここ数年が分水嶺と考えているのです。

サウジアラビアの未来都市構想

湾岸諸国の経済改革の動きについて、具体的な例を紹介しましょう。

この地域における脱石油依存の象徴的なプロジェクトとして、サウジアラビアが進める「ＮＥＯＭ」を挙げることができます。紅海近郊に巨大な未来都市を作ってしまおうという途方もないプロジェクトで、二〇二二年に着工し、二〇三〇年の完成を目指していまも建設中です。

ＮＥＯＭという名称は、古代ギリシャ語で「新しい」を意味するneoと、アラビア語で「未来」を意味するmostaqbal（ムスタクバル）の頭文字を合わせた造語です。公式資料によれば、この都市は次の四つの地域によって構成されます。

サウジアラビアが計画する未来都市NEOMの完成イメージ図。OXAGON（上）とTHE LINE（写真：NEOM）

①ＳＩＮＤＡＬＡＨ……紅海に浮かぶ超高級リゾートアイランド。「環境に細心の注意を払って建設された責任あるデザイン」のもと、三つの大規模ホテル、八六の係留所を供えるマリーナ、スパ、ウェルネスセンター、高級ブランドショップなどでラグジュアリーな観光が楽しめる。

②ＴＲＯＪＥＮＡ……アカバ湾から五〇キロメートル、標高一五〇〇〜二六〇〇メートルの場所に作られる山岳リゾート。スキー場、人工湖、その湖底の地下の複合施設、超高級住宅や別荘などが作られる予定。

③ＯＸＡＧＯＮ……水上に建設される先進的な産業都市。「クリーンな産業エコシステム」を確立するべく、製造、研究・イノベーション、港湾・物流、居住・滞在などのための施設が整備される。一〇〇パーセント再生可能エネルギーにより運営され、二〇三〇年までに九万人の居住を目指している。

④ＴＨＥ ＬＩＮＥ……「都市開発の概念を覆し、未来の都市のあるべき姿を新たに定義」する街。幅二〇〇メートル、長さ一七〇キロメートルの細長い都市が、海抜五〇〇メートルの地点に建設される。人の健康や福祉が交通やインフラより優先されるため、道

路や車はなく、人は徒歩五分ですべての施設にアクセス可能。一〇〇パーセント再生可能エネルギーで稼働し、最終的には九〇〇万人が居住予定。

一〇〇〇万近い人が住んだり訪れたりする街を、何もないところに新たに作る――。NEOMはあまりに規模の大きなプロジェクトなので、聞いただけではまるで夢物語のように思えるかもしれません。しかしいま、このプロジェクトには三〇〇〇人以上の職員が張り付いて事業が進められています。

国土の三分の一を砂漠が占めるサウジアラビアに、いわゆる風光明媚《ふうこうめいび》な観光地はありません。そのためサウジアラビアは、こうした施設や街を作ったり、万博などの国際的イベントを開催したりすることに力を注いでいます。

日本とサウジアラビアの協力

二〇一七年三月、日本とサウジアラビアの両政府は「日・サウジ・ビジョン2030」を公表しました。悲しいことに、日本のメディアではほとんど報道されていないように思いますが、両国にとって非常に重要な枠組みだと思います。経済産業省の資料から、その狙いを引用しましょう。

日本が持つノウハウや技術でサウジアラビアを支援すれば、サウジアラビアの包括的な発展をサポートすることができます。一方で、日本にも新たなビジネスの市場を開拓できるというメリットが生まれます。（中略）ムハンマド副皇太子が訪日したことを機に、従来の石油の供給国と消費国という関係から、より戦略的なパートナーシップを目指すことに合意がなされました。

その際、脱石油依存と雇用の創出のためサウジアラビアが追求する「サウジ・ビジョン２０３０」と、ＧＤＰ六〇〇兆円の達成に向けて日本が追求する「日本の成長戦略」とのシナジーを目指す戦略として「日・サウジ・ビジョン２０３０」を策定することとし、（後略）

日本とサウジアラビアの両国は「多様性」「革新性」「ソフトバリュー」を三本柱に、九つの協力分野を設定しています。協力分野は、エネルギー、エンターテインメント、健康、農業、インフラ、スポーツなど多岐にわたり、ほとんどすべてを網羅していると言って差し支えありません。

この合意が示すものはシンプルです。「サウジアラビアはもはや石油だけではない」「サウジ経済は多角化しているから、さまざまな分野に投資してください」ということでしょう。そこに日本も同調しているわけです。

ただし、サウジアラビアはさまざまな国とこうした協定を結んでいるので、必ずしも日本だけが優遇されているわけではありません。サウジアラビア政府からすれば、海外からの投資を呼び込んで国内に雇用を創出し、石油に頼ることなく経済を成長させることが最大の優先事項なのです。

湾岸諸国の改革に日本が関与するメリット

では、日本側にはどんなメリットがあるのでしょうか。

本章の冒頭で、中東と日本を結びつける最大のファクターは原油だと述べました。それは厳然たる事実です。であれば、石油依存からの脱却を図りたい湾岸諸国と、湾岸諸国に原油をまわしてもらいたい日本とでは、根本的な利害が異なるように思われます。「原油以外の分野に投資する意味はあるのか」と考える人がいても不思議ではありません。

しかし、原油だけに頼らない経済、すなわち脱石油依存の実現は、日本もまた達成しなければならない目標です。さきほども触れたように、日本は二〇五〇年までに脱炭素を達成するという目標を掲げています。原油は確かに必要不可欠ですが、日本とていつまでも原油に頼り、その九割を中東に依存するわけにはいかないのです。

つまり石油依存からの脱却は、双方が共有すべき目標なのです。お互いに良好で健全な関係を保ちながら、いかにしてその目標を達成するか――日本と湾岸諸国はウィンウィンとなる方法を模索する必要があるのです。

もちろん、いますぐ原油が不要になることはあり得ませんから、原油の輸入先としての湾岸諸国と良好な関係を続けることは死活的に重要です。その意味でも、日本は湾岸諸国が求めるものに応えていく必要があります。

厳しい言い方になりますが「改革に貢献する」という姿勢を示さない限り、これから湾岸諸国の信頼を勝ち得ることはないでしょう。脱石油依存に向けた湾岸諸国のプロジェクトに日本が参画する――それが日本の国益につながるのです。

先に紹介した「日・サウジ・ビジョン２０３０」は、その道程をまとめたものと言えるでしょう。日本側のメリットとして、経済産業省の資料には「新たなビジネスの市場を開拓」とありました。サウジアラビアの人口は三二〇〇万人と中東ではトップクラスに多く、経済的にも安定しているため、その市場は日本にとってとても魅力的です。

また、日本はUAEとも「包括的・戦略的パートナーシップ・イニシアティブ」を結んでいます（二〇二一年）。「日・サウジ・ビジョン２０３０」より規模が小さいものの、さまざまなプロジェクトを立ち上げており、日本に大きな期待が寄せられています。

脱炭素の時代に、いかに湾岸諸国と付き合っていくべきか。あまり注目を浴びることはありませんが、日本の未来にとって非常に重要な問題であると私は確信しています。

4　湾岸諸国から見た日本

日本に対する不満

これまでの説明で、湾岸諸国がなぜ石油依存からの脱却を志向しているのか、日本がその改革に協力することでどんな恩恵を受けられるのか、ご理解いただけたのではないかと思います。ところが残念なことに、現在のところ、湾岸諸国の改革に日本が十分協力できているとは言えない状況が続いています。

先述したNEOMの例が顕著ですが、湾岸諸国が立ち上げるプロジェクトはとにかく巨大です。あまりに巨大すぎて、どう関わっていけばいいかわからないと躊躇《ちゅうちょ》してしまうようです。決して批判したいわけではありませんが、大企業の幹部クラスでも「中東はちょっと……」「何かあったときのリスクが……」と及び腰になる人が多い。地理的な距離の遠さに加え、心理的な遠さが拭いきれないようです。

では、湾岸諸国の人々は日本のことをどう思っているのでしょうか。私は毎月のように湾岸諸国を訪れているので、肌感覚で感じることをお伝えしたいと思います。

大前提として、彼らの大半は日本に好意的な印象を持っています。なにより日本は石油の輸出先として重要な「お得意様」です。それに加えて、これも距離の遠さゆえだと思いますが、彼らにも「美しき誤解」があります。たとえば、サウジアラビアのムハンマド皇太子は日本のことが大好きですし、リヤドでは見ることのできない日本の美しい風景に憧れを持っているようです。また、湾岸諸国の人たちは、いまもなお日本の技術力に対して尊敬の念を持っています。

ただ、最近は彼らから不満の声を聞くこともあります。「日本とのあいだではトップ外交ができていない」「日本もサウジアラビアの成長産業にもっと食い込んでほしい」「一方的な貿易だけでなく、もっと多角的な関係を活性化させたい」。残念ながら、こうした期待に日本は応えられていないのが現状です。

そういう意味では、湾岸諸国から見た日本外交の点数はなかなか厳しいものになっていると思われます。互いにウィンウィンの関係を築きながら、脱炭素に向かうというロードマップは、まだ一合目といったところでしょうか。

その一方で、日本の中東への原油の依存度はかえって上昇しています。これは大きな問題ではないでしょうか。

第1章でも仮定の話として触れましたが、もし原油輸送の要衝であるホルムズ海峡が封鎖されるような事態が起きたら、日本の企業や国民に対する影響は甚大です。その影響を具体的にはじき出すことは私の専門ではありませんが、少し考えてみただけでも恐ろしくなります。ガソリンが不足して、物流は完全に滞ってしまう。プラスチック、繊維、ゴムなど石油を原料とする製品の生産ができなくなる。およそいままで通りの暮らしはできなくなるはずです。

一九七〇年代のオイルショックでは、日本は二〇パーセント以上の物価上昇に見舞われました。ホルムズ海峡の封鎖によって石油がまったく入ってこなくなったら、影響はその比ではないでしょう。日本ではあまりに楽観的な見方が多く、そこが気がかりでなりません。

中東外交はトップ同士で決まる

では、最悪の事態が起こらないようにするためには、どうすればよいのでしょうか。ここで重要になるのが、国のトップ外交です。しかも、たまにの外交ではなく、常時のトップ外交です。

外交官として中東に関わってきた私の経験から申しあげると、中東では指導者同士のパイプがすべてです。ボトムアップで政治が決まることはほぼありません。

たとえばアメリカでは、外交において外交官が交渉を積み上げて、最後に大統領が動くといったケースがありますが、中東ではそうした例はほとんどありません。少なくとも湾岸諸国においては皆無だと断言できます。すべてはトップが決める。それが中東の外交です。

したがって、彼らと交渉するためにはこちらもトップが出ていく必要があります。習主席がムハンマド皇太子に会うのも、バイデン大統領がムハンマド皇太子に会うのも、そのことがよくわかっているからでしょう。日本も当然、湾岸諸国トップとのパイプを保っておく必要があります。

それに加えて、アラブ以外の中東地域、すなわちイスラエルやイランとも関係を維持しておくことが重要です。特に二〇二四年には、イスラエルとイランの報復合戦が激化したので、その重要性はさらに増しています。

万が一、三者（イスラエル、イラン、湾岸諸国）の対立が深まって、中東がいま以上に不安定化したとします。その際、日本の国益がこの地域にかかっているということが三者すべてに伝わっていなかったらどうなるか。石油の輸出量や輸送路など、さまざまなことが日本を抜きに決まってしまうでしょう。

普段からトップ外交を重ね、良好な関係を維持していれば、日本にとって中東が重要な地域であることが相手にも伝わり、万が一のときにも日本を入れて考えようという方向になると期待できます。つまり日本も「当時者」の一員になり、中に入って物事を決めていくことができるのです。

「関心の低さ」が国益を損なう

これだけ重要な地域であるにもかかわらず、日本の政治家の中東への関心は総じて低いままです。さきほども述べたように、企業もほとんど同じで、中東関連の案件となるとどうも腰が重い。現地に駐在する支店長はものすごくがんばっているのに、東京の本社にはまったく響かないようです。

こうした関心の低さが、日本では政治家、企業、メディア、国民、すべてに貫かれている——そう感じるのは私だけでしょうか。中東と言えば、砂漠、石油、王族、戦争。そのイメージでストップしてしまっている人たちが、政治家にもビジネスパーソンにもあまりに多いと感じます。

しかし本章で見たように、中東には変化している部分がたくさんあります。石油で豊かになった国々が、一〇〇パーセント再生可能エネルギーで稼働する街を作ろうとしているのです。中東に対する従来のイメージを見直し、新しい目で見つめ直す必要があるのではないでしょうか。

日本が及び腰になっているあいだに、同じアジアの中国や韓国は、中東で非常に積極的なビジネスを展開しています。事実、二〇二三年にサウジアラビアで開催された国際投資会議「未来投資イニシアチブ」（FII）では、韓国のユン・ソンニョル大統領が国賓として招かれ、スピーチを行っています。日本のトップは置いてきぼりです。私はそこにもどかしさを感じています。

国のトップが動くためには、国民の関心が必要不可欠です。しかし多くの日本人にとって、中東は地理的にも心理的にも遠い地域のままです。気候も違えば、宗教のあり方もまったく違う。日本は森林に囲まれているけれど、中東は砂漠に囲まれている。大多数の日本人にとって、典型的な「異文化」となるのが中東かもしれません。

たとえば南米のブラジルであれば、地理的には地球の裏側でもっとも遠いものの、日系移民が暮らしていることから近しさを感じたり、サッカーを通じて関心を持ったりしている人は多いと思います。

しかし中東の場合、経済的には圧倒的に依存している反面、そうした歴史的・文化的なつながりは薄いのが実情です。そのため心理的な距離が遠くなり、「ザ（THE）」がつく異文化となってしまう。長く中東に携わってきた私は、そこを解きほぐすことの大切さをしみじみと感じます。

二〇二二年、サッカーのワールドカップがカタールで開催され、日本からも多くのサポーターが現地を訪れました。二〇二四年にはパリ五輪の出場権がかかったサッカーU23アジアカップも当地で開催されました。こうしたスポーツイベントなどを通じ、日本人が中東の文化に触れることは大きな価値があると思います。

日本国民が中東に関心を持てば、まわりまわって日本の中東外交を後押しすることにつながります。元外交官として、そのことに期待しています。

第3章 敗北を繰り返す日本外交

1　中東外交に歴史あり

オイルショックは何をもたらしたか

私は一九九四年の外務省入省以来、中東・アラビア語専門の外交官として勤務し、二〇二〇年に退職しました。最初の赴任地であるガザを皮切りに、数々の中東諸国を訪れ、さまざまな交渉や協議の場に立ち合ってきました。

日本の中東外交を振り返ると、そこにはいくつかのターニングポイントがあります。敗戦国として新たなスタートを切った日本が、さまざまな制約から外交上の限界にぶち当たり、「敗北」としか言いようのない事態に陥ったのも、中東外交が舞台でした。

本章では、戦後日本の中東外交を振り返ることで、日本が中東に対してどんな役割を果たしてきたのか、あるいはその反対に、果たすことができなかったのかを明らかにします。

私を含め、現場に立ち合っていた元外交官の証言も交えながら、日本にとっての課題を洗い出すことで、日本外交の未来への教訓が引き出せればと考えています。

第1章でも述べたように、日本の中東外交にとって大きな起点となるのは、一九七三年に起きた第一次オイルショックです。同年一〇月、イスラエル軍とエジプト・シリア軍のあいだで第四次中東戦争が始まると、産油国は速やかに石油の減産や原油価格の引き上げに動きました。

これは、アラブ諸国による戦略的な行動でした。世界的に需要のある石油を政治的な駆け引きの道具、つまりは「外交カード」として、世界中の国々に「アラブ側に付くか、イスラエル側に付くか」の踏み絵を迫ったわけです。事実、OAPEC（アラブ石油輸出国機構）は、イスラエル寄りの国々を「非友好国」と位置づけ、原油輸出を禁止しました。

日本も当初は「非友好国」に分類されています。当時、日本の石油輸入の中東依存度は八〇パーセント以上ですから、企業の生産活動も国民の生活も、何もかもが立ち行かなくなってしまいます。そうした事態を回避するために、当時、官民問わずさまざまな人たちが献身的な外交努力を行ったことは、強調してもしすぎることはないでしょう。わずか二か月後、OAPECは日本を「友好国」とする決議をしています。

一時的であったにせよ、日本に石油が入ってこなくなるかもしれないという危機に陥ったことは、高度成長を続けていた産業界に大打撃を与えました。また、一般消費者のあいだにも不安が広がり、トイレットペーパーの買いだめ騒動が起こるなど、国中がパニック状態になったことはご承知のとおりです。

アラビストとは何者か

日本は中東外交を強化しなければいけない――オイルショックの反省から、外務省は体制強化に動きはじめます。

中東を担当する部署をそれまでの一課から二課に増やし、人材育成にも力を入れ始めました。具体的には、アラビア語を専門とする「アラビスト」を増やしました。アラブの産油国としっかりとした関係を築くには人材がすべてです。それまで毎年一～二名だったアラビストの採用は、四～五人に増えました。

アラビストという呼称は、耳慣れないという人が多いかもしれません。

第1章で紹介したように、外務省に入省する職員は、全員が何らかの言語に割り当てられます。外務省が採用する職員は、総合職と専門職を合わせて毎年八〇人ほど。そのうち約三〇人が英語を割り当てられます。これに続くのが、英語以外の国連公用語（アラビア語、中国語、フランス語、ロシア語、スペイン語）で、それぞれ五〜八人が割り当てられます。ドイツ語も国連公用語と同程度で、その他の言語には若干名といった割合です。

専門職に割り当てられる言語は、実に四四にも上ります。この重層的な体制が、日本外交のアセット（資産）になっています。

割当人数が多い言語には、派閥のような呼び名が付けられます。その代表例が「チャイナスクール」と「ロシアンスクール」でしょう。ここでいうスクールは「派閥」や「集団」を意味します。ただし、英語はあまりにも人数が多いため、言語のくくりでの呼び名はありません。

アラビア語を学ぶ人もそれなりに数は多いのですが、決して「アラビアンスクール」と言われることはなく、「アラビスト」と個人を指す言葉が使われます。外務省内では、皮肉を込めて「アラブの国々は連帯ができていない、アラビア語を学ぶ者も同じだ」と言われたものです。

たしかに、アラビストは連帯して結束するというより、どちらかと言うと一匹狼タイプが多い印象です。しかし私は、それはアラビストのよくないところだと常々思っていました。アラビスト同士が連帯することで、外務省内でのプレゼンスを高めたり、情報収集力を強化するなど人材育成ができると考えています。

外務省を退職する前、私は「中川教室」を開いていました。東京の霞が関で、後輩のアラビストを集めて私の通訳の経験を伝授したり、在エジプト日本大使館勤務時代（二〇一一〜二〇一五年）に語学指導官を務めていたこともあり、同大使館所属の研修生に対して毎週アラビア語やその勉強法を教えたりしていました。

外務省を退職後も、毎年、外務省のアラビア語新入生を対象に懇親会を開催し、私が中東外交の最前線で得た経験や、外務省時代に作成したアラビア語の単語集やノウハウなどが詰まった資料を共有したりしています。

アラビア語を専門とする人たちも、個人として立つばかりでなく、もっと連帯を深める必要があると確信しています。

2 日本外交史に残る汚点

ターニングポイントとしての湾岸戦争

話を中東外交に戻しましょう。

オイルショックに続く大きなターニングポイントは、一九九一年に勃発《ぼっぱつ》した湾岸戦争でした。湾岸戦争は、中東外交に限らず、日本の外交史においても大きな転換点になった出来事でした。

一九九〇年八月、イラクが突如クウェートに侵攻しました。これを受けて、翌九一年一月、アメリカが主導する多国籍軍がイラク攻撃を開始、湾岸戦争が始まりました。イラクのフセイン大統領は、その約一か月半後にクウェートからの撤退を表明します。この戦争は、多国籍軍側の勝利をもって終結しました。

この戦争における日本の対応は、日本外交史に大きな禍根《かこん》を残すこととなりました。端的に言えば、「金だけ出して人は出さない」ことに対して、関係国からさまざまな形で批判が起きたのです。

湾岸戦争では、アメリカ主導の多国籍軍に二八か国の軍が参加しました。日本もアメリカから参加を求められました。しかし憲法九条の制約があり、自衛隊を海外に送ることはできません。

政府も策を講じてはいて、多国籍軍に対する自衛隊の後方支援などを可能にするため、国連平和協力法案を国会に提出しました。ところが、急ごしらえで提出された法案だったため、政府側の答弁は混乱し、野党側の反対も強く、最終的に廃案となっています。結局のところ、湾岸戦争において日本は人を出すことはできなかったのです。

その代わりというわけではないですが、日本は総額一三〇億ドルもの巨額資金を多国籍軍に拠出しました。それに対して、「金だけ出せばいいのか」という声が国内外から噴き上がったわけです。

外務省ＯＢの証言

私が外務省に入省したのは一九九四年なので、湾岸戦争当時の外務省がどのような感じだったのか、直接見聞きしていません。そこで今回、外務省の先輩アラビストの方々に取材をしたので、彼らの証言を交えながら振り返っていきましょう。

のちにパレスチナ関係担当大使やレバノン大使を歴任し、当時、霞が関の外務本省でクウェート担当官だった大久保武氏は、イラクによるクウェート侵攻の第一報を、在クウェート日本大使館から電話で受けました。

「大久保さん、いま、地面が揺れているんだよ」

現地の臨時代理大使からこのように報告を受け、イラクがクウェートに侵攻するとは誰も想定していなかった外務本省の職員たちは、まさに青天の霹靂だったと言います。

その後、外務省の職員たちは「何もできないのに激務」という状況に陥りました。湾岸戦争の勃発から戦争終結までの約半年間、大久保氏らは外務省内に特別に設置されたオペレーションルームに勤務し、そこに頻繁に寝泊まりすることとなります。

外務本省がなすべきことは「情報収集」です。しかし、日本は多国籍軍に参加していなかったため、アクセスできる軍事情報は非常に限られていました。一方で急速に変化する事態に対応するために迅速な意思決定が必要となり、オペレーションルームでは、事務方トップの外務事務次官や外務審議官が集まり、アメリカのテレビ局CNNで現地映像を見つつ対応を協議するという状況もしばしばあったそうです。情報入手のルートが限られる中でも、突如起きた事態に即時に対応しなければならない——外交官にとって厳しい毎日だったと推察します。

「しばらくすると、体調が完全に狂い始めました。当時の課長が入院し、イラク担当も入院したことを覚えています」（大久保）

大久保氏の仕事はもっぱら現地情勢のフォローでしたが、事態を複雑にしたのは、現地在住の日本人が大勢人質に取られたことでした。イラク軍はクウェート侵攻後、クウェートおよびイラクに在留していた外国人の一部を拘束し、「人間の楯《たて》」としたのです。日本人も二〇〇人以上がイラク政府に拘束されました。

大久保氏ら中東アフリカ局は、領事移住部（当時）とともにこの解放オペレーションにあたり、被害にあった方が所属する日本企業との窓口役も務めました。大久保氏は、人質解放の任務がもっとも大変だったと振り返ります（幸いにして、このとき拘束された日本人は全員無事に解放されました）。

現地日本人従業員が見せた命がけの活躍

一方、エジプト大使やサウジアラビア大使を歴任し、当時は在サウジアラビア日本大使館の総務班長だった奥田紀宏氏は、現地在留日本人の協力に非常に助けられたと証言します。

湾岸戦争の勃発後、イラク軍はサウジアラビア東部、クウェートとの国境近くのカフジを占領します。

カフジでは、日本の石油企業であるアラビア石油がサウジアラビアから利権を得て、石油開発事業を営んでいました。アラビア石油の現地従業員は、サウジアラビアとの石油利権契約を守るために、イラク軍の地上侵攻開始日まで現地にとどまり操業を続けるとともに、大使館に情報提供する任にも当たっていました。

奥田氏によれば、イラク軍のサウジアラビア侵入の様子を逐一本省に報告することができたのは、彼らの命がけの活躍があったからだと言います。ところが、従業員の一部はイラク軍に拘束され、イラクに拉致されてしまいました。

「会社のため、国のため、という労働倫理はいまでは評価されなくなっているのかもしれませんが、彼らのがんばりに、私はいまでも強い尊敬の念を覚えます」（奥田）

日本的価値観の限界

イラクのクウェート侵攻が始まって以降、現地の大使館は困難に立たされます。本省の対応方針がなかなか定まらなかったからです。

「まだメール以前の時代、本省に電話で今後の方針を照会しても、幹部のあいだで協議中というばかりで議論の方向性もわからない。相手の声の調子や受話器の向こうに聞こえる

本省の様子から、疲労と混乱がうかがえるばかりで、こちらも困惑しました」（奥田）

湾岸戦争が開戦すると、日本はさらにお金を拠出することとなりました。アメリカの求めに応え、湾岸協力理事会（ＧＣＣ）事務局に置かれた湾岸平和基金に対し、九〇億ドルの追加支援金を支払ったのです。

日本としては、湾岸地域の平和回復活動に対する協力という名目で拠出した支援金でした。ところが、この基金の大部分は米軍に支出され、その一部はサウジアラビアを含むそれ以外の諸国にも支出されることとなります。

今回、奥田氏がその内実を証言してくれました。

サウジアラビアにいた奥田氏は、非戦闘分野での使用目的に限定して資金要請を出すよう、当局と交渉したと言います。とは言え、イラクから侵攻される脅威に直面しているサウジアラビアが、簡単に首を縦に振るはずもありません。サウジアラビア軍の兵站《へいたん》責任者は「生死の分かれ目にあることを理解してほしい」「自分たちとしては兵器や銃弾がいくらでも必要なのだ」と繰り返すばかりで、奥田氏が伝える日本側の要求に怒りだすこともあったそうです。

戦後日本は、およそ戦争は理由の如何《いかん》を問わず不正義であり、関与すべきではないという価値観を堅持してきました。しかし奥田氏は、サウジアラビア当局との交渉を経て、そうした価値観がぶつかる限界を感じたと吐露《とろ》します。

「金だけ出して人は出さない」

結局、湾岸戦争における日本の対応は、「金だけ出して人は出さない」と受け止められる結果になりました。

多国籍軍によって解放されたクウェートは、戦争終結後、「ワシントン・ポスト」などアメリカの主要紙に謝意を伝える感謝広告を出します。しかし、そこに記された「支援国」に日本の名前は入っていませんでした。

広告に日本の記載がなかったのは、クウェート側の単純ミスだったという話もあります。しかし、外交では結果がすべてです。この一件は、日本外務省の、ひいては日本政府の大きなトラウマとなりました。

本省でクウェート担当だった大久保氏は「九〇億ドル出してこれか、入院者をたくさん出してこれか、とやるせない気持ちになった」と振り返れば、サウジアラビアにいた奥田氏も新聞広告は苦い思い出になったと嘆息《たんそく》します。

湾岸戦争における日本の対応は、多国籍軍を主導したアメリカからも大きな不興を買いました。憲法上の制約がある中で何ができるかを慎重に吟味《ぎんみ》し、五月雨《さみだれ》式に対応策を発表する日本に対し、「too little, too late」（少なすぎるし、遅すぎる）という批判が巻き起こったのです。

当時のアメリカは、貿易赤字と財政赤字という双子の赤字に苦しみ、経済状況は非常に厳しいものでした。その反対に、日本はバブル景気の真っただ中で絶好調。こうしたことも、アメリカが批判を強める一因になっていたことは間違いありません。

湾岸戦争がもたらした教訓

湾岸戦争に関して「外交敗北」と表現することは、決して言い過ぎではありません。しかし日本外交は、この失敗に多くを学びました。当時を知るアラビストの証言を踏まえてまとめましょう。

大久保氏は、湾岸戦争における教訓は、外交のみならず、政界・財界にとっても歴史的なターニングポイントになったと指摘します。この一件以降、「金だけ出す外交では駄目だ」という認識が各界に広がり、「顔の見える外交」「show the flag」がキーワードになったからです。

そもそも、なぜこんな失敗を犯してしまったのか。奥田氏は、原因の一つは外務本省の体制にあったと指摘します。当時の外務省には、イラク軍のクウェート侵攻という事態に直面して、「対米関係」「対中東諸国関係」「国連対応」など個別の問題への対応が中心となり、これら幅広い分野の政策を包括的に考える部局が存在しませんでした。

この反省に立って設置されたのが、総合外交政策局という部局です。この組織は、外務省の筆頭局であり、縦割りになりがちな省内に新たな風を吹き込みます。総合外交政策局は、その後、国連平和維持活動（PKO）への自衛隊派遣（一九九二年～）、アフガニスタン戦争（二〇〇一年～）、イラク戦争（二〇〇三年～）など、国内外で政治的影響が複雑な外交問題に対応するうえで、なくてはならない組織になりました。

また、省内のアラビストを育てる機運もさらに加速します。オイルショック以降、毎年四～五人だったアラビストの採用が、湾岸戦争後は多い年は七～八人に増えました。

一九九二年六月に成立したPKO協力法は、「金だけ出す」外交からの脱却を推し進めたものと言えるでしょう。同年九月、カンボジアでの国連平和維持活動に陸上自衛隊が初めて参加します。PKOを含む自衛隊の海外派遣は、モザンビーク（一九九三～九五年）、ルワンダ（一九九四年）、ゴラン高原（一九九六～二〇一三年）と続きます。

3　自衛隊海外派遣の真相

イラク戦争の勃発

二〇〇一年九月、アメリカで同時多発テロが発生します。テロを計画・実行したのは、アフガニスタンに拠点を置くイスラム過激派組織「アル・カイダ」でした。アメリカは、アフガニスタンのタリバン政権に、テロの首謀者オサマ・ビン・ラディンの引き渡しを要求しますが、タリバンがこれを拒否すると、米軍がアフガニスタンを空爆し、アフガニスタン戦争が始まります。

日本は米軍を後方から支援するため、急いでテロ対策特別措置法を成立させます。この法律に基づき、海上自衛隊の補給艦などがインド洋に出動し、燃料や物資の補給活動を行いました。

アフガニスタン戦争における自衛隊の協力は、湾岸戦争の失敗を踏まえて「人を出す」

協力の第一歩だったと言えるでしょう。しかし日本の中東外交という観点からすると、湾岸戦争の反省とその後の外交方針の変化がもっとも端的に表れたのは、二〇〇三年に始まったイラク戦争のほうでした。これが三つ目のターニングポイントです。

二〇〇三年三月、イラクが大量破壊兵器を保有しているという情報を得たアメリカ・イギリスなどの有志連合軍が、イラクへの攻撃を開始しました。同年五月、有志連合の勝利のうちに大規模戦闘が終結します。

私は二〇〇四年六月に中東第二課のイラク班長というポストに着任し、人道復興支援を目的に、イラクのサマワに自衛隊を派遣するオペレーションを担いました。

イラク戦争において画期的だったのは、小泉純一郎《こいずみじゅんいちろう》首相がアメリカのブッシュ大統領に対し、開戦直後に戦争支持を明確に伝えたことです。これについては、当時もいまも賛否両論があります。

しかし、湾岸戦争のときとは対応が大きく違ったことが決定的に重要でした。湾岸戦争の際には、日本は迅速な対応が取れないばかりか、方針自体が揺れ動いていたため、アメリカを含む多国籍軍に批判されました。旗色を鮮明にすること自体に価値があったわけです。

日本外交にとっての試金石

では、そのうえで日本は何をするか――。戦地に自衛隊を派遣することは難しい。しかし小泉首相としてはとにかく自衛隊を出す。それが結論でした。

イラク戦争は、湾岸戦争の失敗から得た教訓を実践する試金石となりました。湾岸戦争の際は、アメリカに掃海艇を出せと要請されても「できません」と言いました。しかしイラク戦争では、アメリカに何か言われる前から、ある程度「やる」という意思表示をしたわけです。これは日本の中東政策と言うよりは、対米関係を意識した「アメリカへの貢献」だったと見るべきでしょう。

小泉首相の決断をどう評価するかは、歴史に委ねるべきです。ただ、霞が関の外務省に籍を置き、その後の一連の任に当たった私としては、その決断が持つ意味は重く、とても強力なものでした。外務省内の受け止めとしても「ようやく日本も世界スタンダードに少しは近づいた」というものだったと思います。

先述したように、湾岸戦争の反省から外務省内に設置された総合外交政策局も、イラク戦争では大きな役割を果たしました。同じ外務省の職員であっても、「アメリカを見る人」と「中東を見る人」では、打ち出す政策が異なります。湾岸戦争時はそれを統括する部署がなく、それが「外交敗北」の一因でした。

イラク戦争においては、総合外交政策局が外交の総合調整、すなわち対米関係と中東の現場との調整、官邸との関係などの舵取りを行いました。それにより外務省や政府が一体となって、的確に対応することができました。

自衛隊が活動する「非戦闘地域」とはどこか

小泉首相は自衛隊を出すと決断したものの、その後のオペレーションはやはり難しいものでした。過去に経験がないのだから当然です。

二〇〇三年七月、自衛隊派遣の法的根拠となるイラク復興支援特別措置法（イラク特措法）が国会で成立しました。

この法律において「どういうところであれば自衛隊を派遣できる」「どういう状況になれば撤退する」といったことが事細かに決められました。このときに使われたのが「非戦闘地域」という言葉です。

自衛隊を派遣するうえで最大のハードルである法的根拠はできた。では、どこに派遣するか――このとき候補として浮上したのが、サマワという場所でした。イラク南部のもっとも安全とされるムサンナー県に位置しており、自衛隊が活動するのに適切な場所と評価されました。自衛隊の活動目的は復興支援に限定され、武器を使う可能性のある治安維持は担いません。

こうした決定の背景には、イラク特措法の法律上の整理が関わっています。イラク特措法では、自衛隊が活動するのは「非戦闘地域」と定められました。日本国憲法に書かれていることを順当に解釈するならば、「戦闘地域」に自衛隊を派遣することはできない。したがって、「非戦闘地域」に限って自衛隊を派遣するという取り決めです。

当たり前のことを繰り返しているようですが、この点は非常に重要です。つまり、自衛隊が活動するサマワはずっと「非戦闘地域」でなければならないのです。自衛隊が活動する一帯が「非戦闘地域」でなくなってしまえば、それは途端に「違法状態」ということになってしまうからです。

しかしながら、「戦闘地域」と「非戦闘地域」の定義はきわめて曖昧《あいまい》です。また当然のことながら、戦争の真っただ中にあるイラクの情勢は日々動いています。そこで、外務省中東第二課イラク班長だった私のミッションは、毎日、サマワが安全であることを立証することとなりました。

すこし考えてみればわかるように、これは大変おかしなことです。サマワが安全でなくなれば、自衛隊はすぐに撤退しなければならない――それが法律の枠組みです。ところが私に課せられた仕事は「適法状態」にあることを日々立証すること、つまり実際に何が起こっているかとは別に、自衛隊のサマワでの活動を継続させるために、法律との整合性を実証することでした。

「死闘」の三年間

この点については、国会で野党からも厳しく追及されました。当時、民主党の岡田克也《おかだかつや》代表との党首討論で「非戦闘地域」の定義を尋ねられた小泉首相は「自衛隊が活動している地域が『非戦闘地域』だ」と答弁しました。実態とは関係なく、自衛隊がいるところはとにかく「非戦闘地域」だということですから、これはロジックになっていないロジックです。

ともかく外務省としては、「サマワ情勢の実態はどうなっているのか」「本当に弾《たま》は飛んでこないのか」ということを立証し続けるしかありません。これは本当に難しい仕事でした。私は二六年間外務省に在籍しましたが、イラク班長を務めた四年間のうち、自衛隊がサマワに派遣されていた三年間は「死闘」と言える日々でした。

近年の国会審議では、外交をテーマに連日話し合うようなことは少なくなりました。しかし当時は、特措法を作り、日本人を海外に派遣していたということもあり、国会における注目度もきわめて高かったことを覚えています。与党からも野党からも、矢のような質問が次々に飛んできました。平時ではほとんど関心の持たれない中東アフリカ局に、毎日五〇問ほどの質問が次々にやってくるのです。それに対する国会答弁を書くのが私の仕事でした。

答弁を書くためには、現地の情報を毎日フォローしなければなりません。イラクにおける戦闘で出た死者数については、米軍から毎日発表がありました。それを見て、「昨日はイラク全体では何人の死者が出たが、サマワがあるムサンナー県ではゼロだった」という事実を確認するわけです。もう少し細かい地域の情勢が書いてある現地紙を確認したりもしますが、とにかく、たとえバグダッドで一〇〇人死者が出ようが、サマワでゼロだったということが大事なのです。

私の上司だった担当局長は、連日のように国会の勉強会に呼ばれ、「全体のイラク情勢はこうなっているがサマワは大丈夫です」といった説明を繰り返していました。私は局長のかばん持ちをしながらひたすら情報収集です。徹夜も頻繁にありノイローゼになる寸前でしたが、自衛隊を抱える日本の特殊性を考えない日はありませんでした。

自衛隊員と外交官のあいだに起きた逆転現象

法律との整合性のために、サマワが安全であることを毎日のように立証する。確かにこれはおかしな仕事ですが、私がそれ以上に矛盾を感じたのは、自衛隊員と外交官の安全確保に関する逆転現象です。

「非戦闘地域」に展開しなければならない自衛隊は、イラク国内でもっとも安全なサマワで活動したわけですが、日本大使館はきわめて治安が悪いバグダッドに置かれています。そして、大使館では多くの外交官たちが丸腰で業務に当たっていました。

サマワの陸上自衛隊宿営地にも、外務省のサマワ事務所が置かれました。外務省と自衛隊が連携し、現地で円滑な活動をしていくための情報収集や情報提供、通訳などの支援業務を行うことが主眼で、原則としてアラビストが所長として赴任していました。

これとは別に、バグダッドには日本大使館がありました。開戦前からバグダッドにあったのですが、戦争後も移転することなく残ったのです。自衛隊がバグダッドに入ることは

サマワの宿営地を点検する陸上自衛隊員たち（写真提供:共同通信社）

固く禁じられていました。なぜなら、当地はイラク戦争終結後にきわめて治安が悪化し、散発的な戦闘・略奪・テロが続いていたからです。バグダッドはとうてい「非戦闘地域」とは言うことのできない地域でした。

私は二〇〇七年の夏に一か月、バグダッドの日本大使館に長期出張しました。大使館があった地域は特に危険なところで、自爆テロや空襲が絶えず、出張期間中、空襲警報の鳴らない日はありませんでした。防弾車での移動は当たり前です。

自分を含め、大使館の職員たちは危険地域に駆り出され、かたや自衛隊はイラク国内でもっとも安全なサマワに駐留し、しかもその安全性を自分たちが立証し続けている――この逆転現象に、私は大きな矛盾を感じざるを得ませんでした。

もちろん、自衛隊員の方々を批判するつもりはありません。しかし、自衛隊が復興支援という名目で安全な土地にいて、外交官は空襲警報が鳴るバグダッドで命がけの業務に当たり、身辺警護も外国のセキュリティ会社を頼むしかない――はたしてこれが「普通」でしょうか。

日本の法制度上はそうなってしまうわけですが、こうした逆転現象がまかり通ってしまう日本の法律、日本という国家のあり方に、疑問を感じずにはいられなかった出来事でした。

前途ある外交官の死

この逆転現象の異常さを指し示す、大変痛ましい出来事がありました。二〇〇三年一一月、日本の外交官である奥克彦《おくかつひこ》参事官と井ノ上正盛《いのうえまさもり》書記官が、バグダッド北部のティクリートに向かう途上で銃撃され、命を落としてしまった事件です。

イラク戦争自体は、その半年前に終結していました。しかし、戦争によって軍や警察組織が崩壊したイラクでは、バグダッドはじめ各地が無法地帯となり、テロや略奪行為が横行するなど治安が悪化していました。また、イスラム教内のスンニ派とシーア派の宗派対立もありました。そうした状況下で、奥参事官らの一行はイラク北部の復興についての会議に向かうところを銃撃されたのです。

この事件について、外務省内では「なぜそんな危険な場所に二人を行かせたのか」という批判が強くありました。特に奥参事官は在英日本大使館の参事官で、アラビストではありません。

事件当時、奥参事官はアメリカがイラク復興のために設置した復興人道支援局（ＯＲＨＡ）に出向中で、イラクに行ったのは本人の意思だったと言います。とは言え、アラビストではない奥参事官をイラクに投入するという判断には、外務省内の主流派の人々から疑問の声もありました。

その是非については脇に置きましょう。私がここで提起したい問題は、外交官の仕事が軽んじられているのではないかということです。

仮定の話になりますが、イラク戦争において自衛隊員の死者が出ていたら、間違いなく当時の小泉政権は倒れていたはずです。しかし、外交官が亡くなってもそのようなことは起きませんでした。そこに疑問を感じざるを得ません。

もちろん、戦闘地域であってもギリギリまで仕事をすることが外交官の任務であり、宿命でもあります。たとえ戦争が起きようと、国交を結んでいる外国において、日本を代表する拠点としての大使館は必要ですし、そこで仕事をするのは外交官に他なりません。日本ではどんなに甚大な自然災害が起きても、その地域の役所は業務を続けますが、それと同じことです。

私自身、自爆テロが繰り返されるなかで、大使館機能を維持するためにバグダッドに行きました。いま考えれば、生きながらえたこと自体が幸運だったとしか思えない状況でしたが、外交官としては「行く」以外の選択肢はありません。

「死者ゼロ」を美談にするな

結局、自衛隊は死者を一人も出すことなく任務を終え、二〇〇六年七月にサマワから撤収しました。帰国後、現地でリーダーを務めた自衛隊員は、死者ゼロで任務を成し遂げたことは大きな誇りだと語っていましたが、奥参事官と井ノ上書記官という同志を喪《うしな》った外交官は、みな複雑な気持ちで聞いていたはずです。

こういうとき、私は外交官が置かれた立場の弱さを感じます。特にアラビストは個人個人で完結して連帯しない傾向にあるため、中東の専門家集団としての発信が弱い面があることは否めません。その背景には、国民やメディアの関心が中東に向かないという根本的な問題があることを指摘しておきたいと思います。

誤解してほしくないのですが、私は、自衛隊の活動やその成果を否定するつもりは毛頭ありません。

ただし、賞賛だけするのは実態と違います。これは絶対に起こってほしくないことですが、今後ふたたび海外で戦争が起こり、自衛隊が派遣される可能性がないとは言えません。そのときに、「死者ゼロ」という過去の美談だけを根拠に、派遣を決めることがあってはなりません。そのためにも、当時の実態はあらためて伝えておく必要があると考えています。

なお、自衛隊のイラク派遣が日本外交の大きなアセット（資産）になったことは紛れもない事実です。

自衛隊がサマワに派遣されて以降、イラクの要人が多数日本にやってきました。サマワ市長、ムサンナー県の知事、首相、大統領、国会議長……彼らはみな小泉首相との会談で、自衛隊の活動やＯＤＡなど日本の支援を高く評価しました。私はその際にアラビア語通訳を務めたのですが、イラク側から日本に対する批判がまったくなかったことを覚えています。

アラブ世界全体を見渡せば、イラクは大国と言える国の一つで、産油国でもあります。そうした国とのあいだにアセットができたということは、自衛隊を派遣した意味があったと歴史的にも評価できるでしょう。また、イラク戦争は湾岸戦争の大きなトラウマを乗り越える一歩になったことは間違いありません。

4　他国から見た日本外交

「日本ファースト」に見える日本の対応

ここまで、三つのターニングポイントに焦点を当てて、日本の中東外交を振り返ってきました。おわかりいただけるかと思いますが、日本外交が踏み絵を迫られるような大きな事件は、ほとんど中東で起きていると言えます。

しかしながら、日本人の中東への関心はいつになっても一向に高まりません。そして何か重大な事件が起こったときには、圧倒的な知識不足が露呈する。これを繰り返しています。外交力の低さは、関心の低さから来る部分も少なくないと考えています。

では、日本の中東外交は、他国からはどう見られているのでしょうか。はっきり言わせていただくと、「非常識」の一言に尽きると思います。

平時であれば、日本の対応は何の問題もありません。しかしいざ有事となったとき、あるいは戦乱の地で日本人が活動するとなったとき、日本政府がまず掲げるのは「日本人の安全確保」です。日本人の多くには「日本ファースト」の意識があります。しかも、自分たちにその意識があることすら意識していません。

もちろん、国民の生命を守ることは日本国政府の責務です。ただ、外交の現場で活動していると、他国からは我々が「日本人の命さえ守られればいい」とだけ考えているように見えてしまうし、実際にそう見られることがよくあるのが実情です。

たとえばイラク戦争において、日本は特措法を作りまでして自衛隊を派遣し、経済的な復興支援も行いました。ところが、外交の現場でその努力を説明しようとすると、やや空転してしまいます。つまり、我々としては「できることは最大限やった」ということになるのですが、これを他国の外交官から見ると「できることはやったから許してね」という印象になってしまうのです。

当たり前のことですが、こうした直接的な批判が首脳会談などの場で出ることはまずありません。外交官同士のあいだでも、それらしい話が出るのは、どこまで付き合いが深まっているかによります。ただ、我々日本人がどこかに持っている「日本は違う」という意識は、他国の外交官に理解されないと考えたほうがよいでしょう。

日本の外交官に課せられた使命

そして、ここにこそ日本の外交官のジレンマがあります。というのも、日本の外交官は「日本は違う」ということを他国に説明し、理解してもらうことも重要な仕事の一つだからです。

イラク戦争を例にとりましょう。開戦は支持する。アメリカ主導のイラク復興支援にも加わる。ただし憲法の制約があるので「非戦闘地域」にしか自衛隊は派遣できない。しかも治安維持活動は担えないため、他国の軍に守ってもらいながら活動する。こうした政府の方針や日本の実情を、きちんと伝えていくことが日本の外交官の仕事です。

それが世界スタンダードからずれていることは、日本の外交官もわかっています。私もそうでした。日本の立場というものを説明しながらも、どこかで「これは普通じゃないよな」と思っている。日本の外交官に課せられた大きな務めの一つは、スタンダードに至ることができない限界を認識しつつ、その限界について他国の理解を求めることと言っていいでしょう。

イラク戦争時に日本がとった対応について、他国の外交官に説明した場合、彼らはその場ではI understandなどと言うでしょう。特にオフィシャルな場では、彼らも外交のプロとしてそう言わざるを得ない。

しかし、その言葉と実際の評価は違います。残念ながら、日本の言い分が本当に理解され、他国から信頼を勝ち取れるとは思いません。むしろイラク戦争は、日本という国は自己中心的で、日本人の命が世界で一番尊いと思っていると、世界に示したケースになってしまったととらえています。

こういう話をすると、「それなら自衛隊を派遣しないほうがよかったのではないか」と思う人もいるかもしれません。たしかに、その考え方にも一理あるでしょう。無理をしてイラクの復興支援に加わり、一番安全な場所で活動して自己満足に終わったと評価されるのであれば、むしろ行かないほうがよかったのではないか——たしかに、議論としてはそれも成り立ちます。

しかし私としては、さきほど述べたように、自衛隊派遣は対イラクという点では大きなアセットになったと思っています。「世界スタンダードとは何か」という観点と、「日本の対イラク外交」という観点は、また異なるわけです。これも外交の難しいところです。

すべては「国益」を根拠にせよ

では今後、世界スタンダードに対する日本のスタンスはどうすべきでしょうか。より具体的に言えば、湾岸戦争やイラク戦争の教訓を踏まえ、自衛隊の派遣を含めた日本の国際協力はどうあるべきなのか。その点について考えてみたいと思います。

イラク戦争のあと、日本は安全保障に関する政策を大きく変化させました。第二次安倍政権は二〇一四年、それまで認められないとされてきた集団的自衛権の行使を「許容される」と閣議決定すると、翌一五年には、その解釈変更を含めた安全保障関連法を成立させます。これにより、日本の自衛隊は法律上、集団的自衛権を行使して米軍などとの共同活動に海外で従事することが可能となりました。

この安保法の成立に当たっては、憲法九条との整合性が大きく問われました。安保法が施行されたことにより、イラク特措法のような特別法を作らなくても、自衛隊は海外で活動ができるようになりました。そうは言っても、世界のどこにでも行けるわけではありません。当然ながら限界はありますし、世論を踏まえた判断になるでしょう。

自衛隊の派遣をすべきか否か——私の見解は「派遣先がどこの国かによる」というものです。身も蓋もないようですが、自衛隊の海外派遣のような大きな判断を下す際には、「それによって得られる日本の国益は何か」ということが、もっとも基本的かつ重要な観点になります。言い換えれば、「派遣先の国に日本の国益はどのくらいかかっているのか」という現実的な判断が必要になります。

わかりやすい例を挙げましょう。二〇二二年二月にロシアがウクライナに侵攻し、いまなお戦争が続いています。日本は、民主主義陣営の一員としてウクライナを支援していますか。では、ウクライナに自衛隊を派遣するべきでしょうか——私はそのメリットがほぼないと考えます。人道的な観点とは別に、現実的な話として、ウクライナに対する日本の国益はさほど大きくありません。

では、日本の国益が非常に大きくかかっている国が、ウクライナと同じような事態に巻き込まれた場合はどうか。それはまた別の議論になります。自衛隊の海外派遣は、きわめて冷静かつ現実的になって、「国益」という観点から判断しなければなりません。

5　教訓を未来へとつなぐために

日本の首脳たちの通信簿

第2章でも述べたように、中東諸国と関係を築くためにはボトムアップ型の外交では不十分で、トップ外交がきわめて重要です。以下では、イラク戦争以後、日本の政治家がどのような中東外交を行ってきたかを確認したいと思います。

安倍晋三《あべしんぞう》元首相は、中東外交に力を入れた政治家の一人です。第二次安倍政権以降の約八年の首相在任中、九回にわたり中東に赴きました。河野太郎《こうのたろう》氏も中東への関心が高く、二年一か月の外務大臣在任中、六回も中東を訪れています。

一方で、岸田文雄《きしだふみお》前首相は中東にさほど力を入れておらず、首相になってから一回、四年七か月に及ぶ外務大臣時代も二回訪問しただけにとどまります。二〇二四年一〇月に就任した石破《いしば》茂《しげる》新首相には、いち早く中東を訪問してほしいと願っています。

率直に言うと、外務大臣では「弱い」のです。繰り返しになりますが、中東との外交においては、首相が出て行ってトップ同士で話をつけることがなにより重要です。それに加えて、外務大臣同士のチャンネルも作ってつながりを太くする。そうした外交の積み重ねが、原油の九割以上を中東に依存し、地域の安定が大きく影響する日本にとって非常に重要です。

ところで、中東を訪ねた日本の政治家が現地で何をしているのか、よくわからないという方が多いのではないでしょうか。マスメディアでの扱いが総じて小さいこともあり、その実態はほとんど知られていません。せっかくですので、中東に大変関心の高い河野外務大臣が現地で行ったスピーチを紹介したいと思います。

シンガポールでは、外交や安全保障の専門家が集う「シャングリラ・ダイアローグ」が毎年開催されています。これと同じく、中東ではバーレーンにおいて「マナーマ対話」という会議が開催され、中東のみならず世界主要国から有力者が集います。

二〇一七年、この会議に日本の外務大臣として初めて参加したのが河野外務大臣です。河野外務大臣は同会議におけるスピーチで、日本の中東政策に関する「河野四箇条」、すなわち①知的・人的貢献、②「人」への投資、③息の長い取り組み、④政治的取り組みの強化、を世界に向けて発信しました。私の知る限り、日本の政治家で、中東政策に関する具体策を「～箇条」としてまとめたのは河野氏だけだと思います。

未来の外交官たちへ

本章では、イラク戦争における自衛隊のサマワ派遣のオペレーションに携わった者として、日本外交について批判的な見解を述べることもありました。ここからは少し個人的な話をしたいと思います。

私が中東第二課のイラク班長の任に当たった四年間、とくに自衛隊がサマワに行っていた三年間は、死闘の毎日だったと述べました。同時にこの三年間は、私が外交官人生の中でもっともやりがいを感じながら仕事をした期間でもありました。

私が班長に着任したのはちょうど入省一〇年目、年齢で言えば三〇代前半です。体力もありますし、それなりに経験も積んで、何でもチャレンジできるという時期でした。

日本の外交において、中東があれだけ注目されることは滅多にありません。イラク戦争時は小泉首相がリーダーシップを取って、日本が中東に積極的に関わることが宣言され、自衛隊がサマワに行き、世の中の関心も長くイラクに引き付けられました。そして自分はアラビストとして、その一連の動きに深く関わることができた。外交官としてのやりがいに溢れる毎日でした。

自衛隊のイラク派遣以降、イラクの要人が小泉首相のもとをこぞって訪ねた際、私がアラビア語通訳を務めたことはすでに述べました。私は小泉首相が述べるメッセージの原稿を書き、それを自分でアラビア語に訳していました。当時の肩書は課長補佐でしたが、まさに国の中枢にいるような感覚を持ちながら仕事をしていました。言い換えれば、中堅や若手でも外交のど真ん中にいると感じることができたのです。外交官冥利《みょうり》に尽きるとしか言いようがありません。

もちろん、当時の政府の対応には「あまりに対米追従がすぎる」という批判的な世論が多く存在しました。国会対応にあたっていた私は、そうした情報も遮断することなくすべて受け取っていました。そもそも官僚は世間からは批判されることがほとんどで、褒められることなど滅多にありません。しかし、それを含めてどう対応するかが官僚の仕事だと言えます。

現在、官僚を目指すことを躊躇している若者が多く、霞が関を志望する学生が減っています。たびたび指摘されるように、中央省庁の働き方はブラックなところがまだまだあります。

しかし、外務省の仕事は「労働」という言葉で片付けられるものではないはずです。「国の外交を支える」というやりがいまでが減っているとは思いません。自分の能力を発揮して日本の外交を支えることができる、本当にやりがいのある仕事だということは、ぜひ書き残しておきたいと思います。

第4章

内側から見た外務省

1　強烈な序列社会

中央省庁の中の外務省

第3章では、日本外交の「敗北」の歴史を、私を含む外交官の証言を交えながらたどりました。第4章ではさらに話を進め、日本の外交を担う外務省という組織そのものについて考えてみたいと思います。

外務省とはそもそもどのような組織なのか、そこにはどんな組織風土があるのか、改善すべき問題や課題は何か――これらの点について、前章同様、外務省OBの証言も踏まえて検討してみたいと思います。

「外務省の役人はエリートだ」

これは、他の省庁の役人からよく言われる言葉です。たしかに、外務省の職員は外国と接するのが仕事のため、どこか外国の文化を身にまとったような感じがあり、「日本しか知らないやつとは違う」という雰囲気を醸していています。「外務省の人間はエリートだ」「あいつらはかっこつけている」としばしば言われるのは、そうしたところが原因かもしれません。

私が外務省に入ってもっとも驚いたのは、その「かっこつけ」の外務省の中に、厳然たる「階級制」があったことです。外から見れば同じエリートでも、中に入れば全員が同じではありません。まずはその点について説明しましょう。

キャリアとノンキャリア

外務省内に「階級」が存在する理由として、前提として言及すべきは国家公務員の採用制度です。

国家公務員は現在、おもに総合職、専門職、一般職（高卒者）に分かれています。二〇一一年以前、総合職はⅠ種、専門職はⅡ種、一般職はⅢ種と呼ばれていました。私の在職当時は後者の呼び方が主流でしたので、本書でもⅠ種、専門職（Ⅱ種）という呼称で話を進めます。

Ⅰ種はいわゆる「キャリア」と呼ばれる幹部候補で、政策の立案などを担います。専門職（Ⅱ種）はいわゆる「ノンキャリア」で、外務省においては各国の言語、あるいは特定分野の専門家として仕事をします。Ⅲ種は主に事務や窓口業務などを担います。

外務省は中央省庁の中でもやや特殊です。Ⅰ種のキャリアは体裁としては「ゼネラリスト外交官」、ノンキャリアはⅡ種ではなく専門職と呼ばれ、「スペシャリスト外交官」という区分です。私の在籍時、キャリアは毎年二五人ほどの採用があり、そのうち約二〇人が東大出身でした。次いで京大出身が二人くらい、早稲田・慶應が合わせて三人くらいの規模感でした。

個人的な話を挟ませていただくと、私が外交官になろうと思ったのは、出身地の京都で浪人生をしていたときのことでした。予備校の友達がたまたま持っていた『東大法学部』という本に、東大法学部の卒業生が就《つ》く職業は、一位が弁護士、二位が外交官だと書いてあった。そこで外交官という職業を初めて知った私は、「これが天職だ」と直感しました。田舎に暮らし、外国に一度も行ったことがなかったにもかかわらず、なぜかビビッときたのです。その後、私は東大ではなく慶應大学に進みましたが、その直感は大学生活を通じても揺るぎませんでした。

慶應からキャリアの試験を受けたのですが、残念ながら不合格に終わり、やはり東大の壁は厚いと思いました。しかし、キャリアが駄目だったからと言って、民間企業でやりたいこともない。ならば専門職です。採用区分としてはⅡ種ですから、端的に言えば「がんばれば幹部登用への道も開かれています」といった扱いですが、それも承知のうえで専門職として外務省に入省しました。

固定化された序列

外務省に入省して実感したのは、有無を言わさぬ「序列社会」だということです。とにかくⅠ種、専門職（Ⅱ種）、Ⅲ種の差が非常に大きいのです。

当然ではありますが、初任給も違えば、昇進のスピードもまったく違う。上司は全員Ⅰ種です。外務省の場合、各課に課長がいて、その下のポストは首席事務官、総務班長と続くのですが、この三つのポストに就くのは全員Ⅰ種の職員です。ある意味でわかりやすい序列の世界です。

Ⅰ種の職員たちのあいだでは、入省したその日からトップ（事務次官）を目指した出世争いが始まります。当然ながら、誰もが事務次官になれるわけではなく、出世が止まる人も大勢います。しかし、そこでI種の職員が専門職にポストを譲るかと言えば、そんなことはあり得ません。

生々しい学歴の話をすると、I種と専門職では出身大学のレベルも大きく変わらないのですが、同じ土俵に上がることは決してありません。つまり、I種と専門職は基本的に上下関係が維持されるのです。中にはI種の人からのおぼえがよく、専門職からI種のポストに行く人もいますが、それはきわめて例外です。

想像に難くないと思いますが、こうした厳しい序列社会が、専門職（Ⅱ種）とⅢ種のやる気を歪ませています。たとえ同じ大学出身でもI種と専門職に上下関係があることは、専門職の職員だって理解のうえで入省するわけですが、それでもなお、あまりの序列の厳しさに絶句する経験が何度もありました。

専門性が評価されない世界

こうした上下関係は、私が仄聞《そくぶん》するかぎり、数ある省庁の中でも外務省が特に厳しいようです。たとえば経済産業省などは、序列がまったくないとは言えないものの、いい意味で実力主義の風土があります。それに比べると、入省時の採用種別で組織内の序列が決まっ

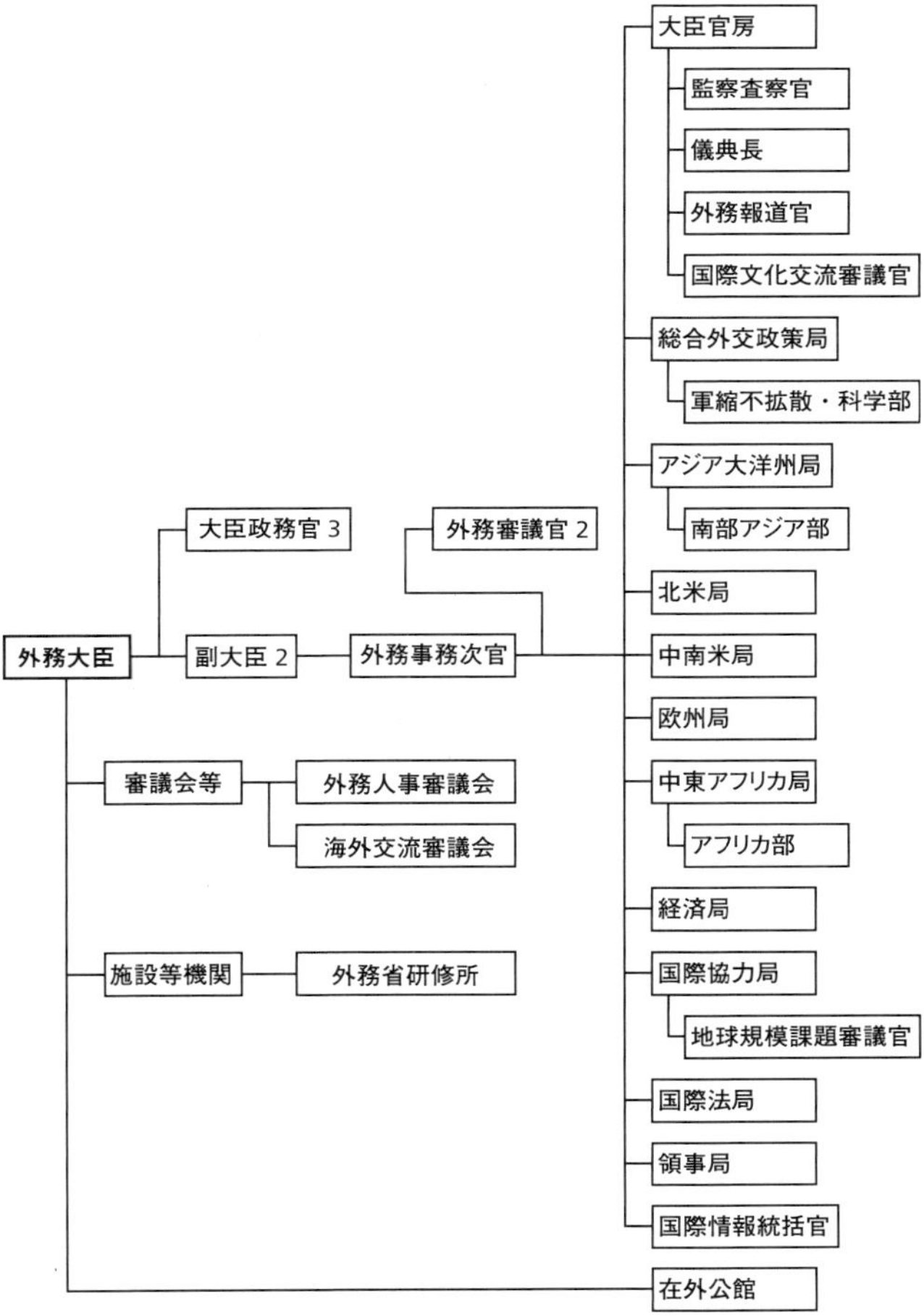

外務省の組織・機構(2024年時、数字は定員)

てしまう外務省は「階級制」と表現して差し支えないと思います。

このような見方に対して、外務省の人事課はおそらくこう反論するでしょう。「人事は適材適所で行っている」と。たしかに、専門職でミャンマー語を専門とする職員がミャンマー大使になる例はあります。また、アフガニスタンの専門職がアフガニスタン大使になっています。それぞれの専門性を活かした人事ですから、たしかに「適材適所」と言っていいでしょう。

しかし一方で、いわゆる「大国」の大使はかならずキャリアがそのポストに就いています。国に序列を付けることはよくありませんが、少なくとも外務省内では似たようなことを行っているのが実情です。そのため、たとえばアラビア語の専門職はオマーンやバーレーンの大使にはなれても、サウジアラビアやエジプトの大使に就くことはありません。

また、英語研修の専門職がアメリカ大使になる可能性は皆無です。フランス語でも中国語でも同様で、そうした大国のポストはキャリアが独占しています。要するに、外務省では専門性が評価されないシステムになっているのです。

2　問題だらけの外務省人事

ゼネラリストの悲哀

外務省内の序列には絶句するものがありましたが、いまとなってみると、私はアラビア語の専門職（Ⅱ種）でよかったと感じる部分があります。

というのも、専門職はその名の通りスペシャリストなので、何かの専門で立たないとキャリアの人たちには絶対に勝てません。私は希望していなかったとは言え、アラビア語を習得することになり、その中でも厳しい競争を勝ち抜いて、天皇陛下や総理大臣の通訳を務めるまでになりました。結果的に、非常に高い専門性を発揮することができる立場になったわけです。

ゼネラリストのキャリアは、みな課長くらいまでは昇進します（現在では全員ではなくなっているようですが）。しかしさきほども述べたように、課長になった途端に淘汰《とうた》が始まり、淘汰される側になってみると、結局自分には残るものが何もなかったというのはよく聞く話です。いろいろなポストを経験し、さまざまな国に赴任もした。そして五〇歳になりふと立ち止まったとき、自分は何者なのかと思い至るわけです。

大企業の部長にも似たようなことが起きるでしょう。順調に出世し、しかしこれ以上出世の階段は昇れないとわかったとき、会社内でのポストがなくなれば、自分には何も残らないことを思い知る——これとまったく同じことが、外務省のキャリア官僚にも起きているのです。

外務省を辞めてからというもの、私はキャリアの同僚たちに羨《うらや》ましがられることが増えました。中東やアラビア語という専門性を持って、組織の外でさまざまな活動ができているからです。

専門を極めた人ほど外務省を辞めていく

皮肉なことに、専門で立つことができた人はみな外務省を辞めています。マクロの視点で見れば、これは大きな損失と言えるのではないでしょうか。

私が外務省を辞めた理由は二つあります。

一つには、外交についての発信者になりたかったからです。外務省に在籍している期間中、私は日本外交の取り組みが霞が関の外にまったく伝わっていないと感じていました。これは日本政府の大きな問題で、伝える努力をほとんどしていないからです。

外務省の役人は「いや、ホームページなどさまざまな場で発信している」と反論するでしょう。しかし、それらの多くは「役人言葉」で書かれていて、一般国民が理解できるように伝えているとは言い難いのが現状です。そこをきちんと伝える立場になりたい――そう思ったのが、外務省を辞める決断をした一つ目の理由です。

もう一つの理由は、それと表裏一体ではあるのですが、外務省にいては夢が描けないと感じたからです。さきほども述べたように、外務省では採用時の区分であるI種と専門職（II種）の差が歴然としています。ある程度の年数を重ねると、良くも悪くも先が見えてしまうのが実情です。

専門職（II種）のあいだには、「専門性は身に付けたけれど、ここにいても……」という空気が蔓延《まんえん》しています。その結果、一人で立てるようになった人から順に外に出て行ってしまいます。私もその道を選びました。私の後輩でも、外で食べられるまでの専門性を身に着けた人は、大学教授などに転身しています。外務省にそのまま残っても先が見えているからです。

本来ならば、これは由々しき事態です。なぜかと言うと、この道をたどる人が一定数いるとしたら、外務省に残った人は専門性で立てなかった人ばかりになるからです。彼らが日本の外交を支えるということになれば、これは外務省の本来の目的から言っておかしいはずです。

錆びついた国家公務員制度

専門職（Ⅱ種）は「優秀な人は幹部の道へ」という建て付けで外務省に入ります。長く働き、よほどの失敗を犯さない限り、最後は小さな国の大使にはなれる。しかし、大きな国の大使になれる可能性はゼロです。

入省したばかりの私は、その慣習を変えようと燃えていました。専門で立ち、中から変えてやろうと思っていました。外務省にいた頃から、キャリアの人に「中川、辞めたら終わりだよ」と言われていましたし、最近も「中から変えていかないと駄目だ」と言われました。しかし私の実感として、中から変えることは難しいと言わざるを得ません。

いま、日本社会では「ジョブ型雇用」が広がりつつあります。職務内容やスキルに基づく雇用関係のことで、その対《つい》となるのは、採用後に業務内容などを決めていく「メンバーシップ型雇用」です。

霞が関では、いまだに採用時の種別によってキャリアパスが決まっています。「階段を昇れなかったのは実力不足だ」「単なる負け惜しみじゃないか」。そう言われることを恐れて口にしない人も多いと思うので、私があえて言いましょう。雇用やキャリアパスのあり方を根本的に見直さないと、外務省も組織として地盤沈下してしまいます。いや、実際に地盤沈下が進行中と言えるかもしれません。

日本の公務員制度は明治時代にできたもので、きわめて少数のエリートを育てるということに意味があったと思います。しかしいま、世界は一部のエリートだけでは対応できないほど複雑化し、価値観も多様化しています。そうした時代においては、各自が専門性を磨いて一人で立てるようになり、そうした人たちが束になって組織として事に当たることが必要なのではないでしょうか。

ところが現状では、外務省にいるのは「何でもできます」という人たちです。厳しい言い方をすれば、「何でもできます」という人は、一人では「何もできない」人です。

日本の公務員制度はもはや破綻《はたん》しており、抜本的な改革が急務だと思います。さきほど言及した「ジョブ型雇用」においては、特定の職務に就くにはどんな資質・能力・資格が必要となるかが条件として明示されます。そして、その条件に当てはまれば、学歴や年齢を問わず誰でもチャレンジすることができます。

外務省の場合、条件以前にそもそも同じ土俵に立つことすらできません。そこが問題なのです。こうしたことが積み重なれば、専門職が次第にモチベーションを失っていくのは当然です。これが外務省という組織にとって、ひいては日本の国益にとっても悪影響を及ぼしかねないことに、もっと自覚的である必要があります。

3　外務省に求められる改革

現地語を話せなくても大使になれる？

外務省の場合、キャリアと専門職（Ⅱ種）の区別をさらに複雑にしているのが、言語の割り当てです。私の採用区分は専門職で、担当言語がアラビア語でした。一方で、採用区分がキャリアで、言語がアラビア語という職員も存在します。つまり、同じ言語の中に総合職（ゼネラリスト）と一般職がいるわけです。

アラビア語はまだ人数が多いほうなので、この建て付けもまだ機能している面がありますす。しかし、より人数の少ない言語では、そもそも総合職という身分が必要なのかという議論もなされるべきでしょう。極論を言えば、総合職は全員英語でもいいのではないでしょうか。ただし、外務省の「専門言語」制度はあまりにも長い伝統のため、いまのところここにチャレンジする人は誰もいません。

よりわかりやすい問題は、ある言語のキャリア職員が、別の言語が使用されている国の大使になる例が多々あることです。

たとえば、二〇二三年から赴任している在中国日本大使は英語を専門とする方です。この外交官は立派な方で、大使にふさわしいと私も思います。その一方で、そもそも論として「現地語を話せない大使って何だろう」という疑問が頭によぎります。

一般の方には理解しづらいところがあると思いますが、これは外務省の人事の核心に関わることです。大前提として、語学ができれば大使が務まるかと言えば、必ずしもそうではありません。大使には必要な資質があり（このあと触れます）、それを具《そな》えていない人物には決して務まりません。とはいえ、現地語ができずに大使が務まるのかという疑問を抱くのも当然です。

幅を利かせる「英語のキャリア」

英語を専門とする外交官が中国大使になったということは、外務省に数多《あまた》いるチャイナスクールのなかに、大使にふさわしい人がいなかったと判断されたということです。チャイナスクールの人たちにとってみれば、これは相当なショックですし、重く受け止めるべき事態です。

同じような例はほかにもあります。私が専門とする中東では、イランがそうでした。イランの公用語はペルシャ語ですから、本来はペルシャ語を専門とする外交官が大使になるべきですが、現在の外務省ではそれが叶うことはありません。イランは日本にとって伝統的に重要な国なので、たいていは英語を専門とするキャリアが大使になるのです。

すると、ペルシャ語を専門とする人は、うまくいってもナンバー2かナンバー3に収まるくらいです。ペルシャ語の専門家が腐るのも無理はないと私は思います。あるいは、ポーランド語を話せる専門職員がいるのに、ポーランド語もできなければポーランドに行ったこともないような英語のキャリアが、ポーランドで大使になることもあります。

はたして、それが日本の国益につながると言い切れるでしょうか。私は決してそうは思いません。

なぜこんな人事が横行しているのか――そこには、各国語の専門職はさておいてでも、人数が多い「英語のキャリア」をどこかに配置しなければいけないという事情が関わっています。この問題は長く指摘され、見直しの必要性も説かれているのですが、何も変わることなくいまに至っています。

そもそも、Ⅰ種や専門職（Ⅱ種）という制度に「降格」が想定されていないことが、こうした問題の放置につながっていると言えます。

たとえば、Ⅰ種の人が専門職に降格することはありません（例外的に、Ⅰ種の方が体調を壊して専門職への移動を希望したという例は承知しています）。繰り返しになりますが、そもそもⅠ種と専門職（Ⅱ種）という区分が存在し、ゼネラリストとスペシャリストが上下関係にあること自体がおかしいのに、原則的に降格（昇格）がないというのはもっとおかしな話です。

海外の外交官と話していて、「あなたはⅠ種ですか、Ⅱ種ですか」などと聞かれることはまずありません。その違いをもっとも強く意識しているのは、外務省の内部にほかなりません。諸外国の公務員制度にもそうした区分はあると思いますが、日本のように厳しいものではなく、能力主義を優先する方針が強いのが実情です。

大使に求められる資質

ここまで、専門言語と採用区分がもたらす人事上の影響について見てきました。専門言語と採用区分の組み合わせで言うと、もっとも苦しいのは英語の専門職（Ⅱ種）かもしれません。英語の専門職は毎年一五人程度が採用されるのですが、他の言語を専門とするメンバーも英語を使用するため、それ単体では専門性にはなりません。

したがって、英語の専門職の人々は語学以外の専門性、具体的には条約・国連・経済協力・ＳＤＧｓなど、特定分野の専門性を身に付けていく必要があります。これら語学以外の専門領域のことを、外務省内では「縦の分野」と呼びます。もともとその分野に精通しているというよりは、入省後にその分野に配属され、そこで能力を発揮して評価されていくというパターンが通常です。

英語以外の言語、たとえばロシア語や中国語などの場合は、東京外国語大学や大阪外国語大学（現在は大阪大学）などで専門的に言語を学んだ学生が、そのまま専門職として入ってくるパターンがよくあります。繰り返しになりますが、そうやって入省した中国語のスペシャリストが、中国大使になることはあり得ません。そこには中国語のキャリアがいるからです。

本来であれば、語学のスペシャリストが年次を重ねる中でさまざまな仕事を経験し、外交に精通し、そのまま中国大使になっていくことも、一つのルートとしてあってしかるべきです。彼らの多くは、日中関係に関わりたくて外交官を志したはずですし、外務省人事課も、そういう人材を中国・台湾・香港などのポストに割り当てます。しかし、結局のところ中国大使にはキャリアしかなれないばかりか、それが中国語のキャリアですらないこともあるわけです。

外務省人事課の言い分としては、「中国大使は対米関係についても知っている人でないと務まらない」ということなのでしょう。たしかに一理あります。「専門バカ」という言葉がありますが、中国のことしか知らないキャリアが、順当に中国大使に収まるのもそれはそれで問題点があります。大使にふさわしい人格を具えている必要もあります。

大使に求められる資質は多岐にわたります。国際政治に一定の影響力を持つ大国であれば、ある程度アメリカについて知っていなければ、外交の面で不安があります。また、大使たるもの発信力も求められます。

加えて、人を引き付ける力も必要でしょう。言葉にすると陳腐になってしまいますが、大使は現地における日本の「顔」ですから、現地の方や在留日本人から「あの人はすごいな」と思われるような人であることは、みなさんが思っている以上に重要です。相手国との関係においても、「どうしてこんな人を送ってくるのだろう」と思われてしまっては、相手国を軽視していることになり、外交上のデメリットになります。

中東に赴任する外交官の嘆き

外務省の人事から、日本が外交関係を結ぶ国には、明に暗に序列があるという現実を見てきました。なかでもとりわけ軽視されているのが中東諸国だと思います。

ここまで何度も強調してきたように、中東は日本にとっても大変重要な地域です。にもかかわらず、政治家もメディアも国民も、その重要性を認識できていません。

さすがに外務省はわかっている――そう断言したいところですが、正直に言ってあまり自信がありません。外務省においても、外交の中心はアメリカであるという意識が根強いからです。

ここに、中東に赴任する外交官の悲哀があります。アメリカや中国のように国民の関心が高い国であれば、良くも悪くもプレッシャーがかかります。「もっとちゃんとやれ」というお叱りの声を受けるかもしれません。ところが中東となると、そもそもほとんど誰も関心を示さないのです。

国民の関心が薄い国に赴任する外交官は、心情的につらいのが正直なところです。国会議員は何も言わず、国民の関心もなく、ニュースにもならない。さまざまな外交活動を懸命に行っても、まったく日の目を見ることがない。こうした事態が恒常化すると、外交官も人間ですからモチベーションの維持が困難になります。「国のためになりたい」「国民のために働きたい」と思っている外交官にとって、受益者であるはずの国民の無関心ほどつらいものはありません。

国民の関心がほしい——身も蓋もありませんが、これが中東に関わる外交官の偽らざる本音です。国民の関心が高まれば、メディアや国会議員の関心も自然と高まります。総理大臣や外務大臣の中東諸国訪問へとつながるかもしれません。そうしたサイクルが生まれてくると、日本はもっと中東でプレゼンスを示すことができると確信しています。

これまで再三述べてきたように、もし中東から石油が入ってこなくなるような事態になれば、企業活動や国民生活に与える影響は計り知れません。幸いにしてそういった事態に至っていないのは、外交上の大きな失敗を犯していないからでしょう。つまり、中東外交に関わる外交官たちは相応の努力をしているわけです。

裏を返せば、外交官たちの不断の努力が当たり前になっているから、誰にも注目されていないと言うこともできます。仮に中東からの石油輸入が止まったら大ニュースですが、ロシア・ウクライナ戦争やイスラエル・ハマス戦争のさなかにあっても、安定して輸入できていることに対する理解や評価はほとんどありません。

だからこそ私は外務省の外に出て、外交官の仕事をもっと伝えていくことが必要だと考えたのです。

外務省OBが訴える三つの改善点

外務省が人事面に大きな課題を抱えていると考えるのは、私だけではありません。第3章で湾岸戦争時の経験を証言してくれた奥田紀宏氏も、外務省には採用・人事面での改善が必要だと指摘します。私なりに奥田氏が挙げる改善点をまとめると、次の三つに集約できると思います。

第一に、日本における国際的人材の確保です。奥田氏は、外務省という組織を変えていくためにも、この課題に着手すべきだと強調します。

日本の若者世代の欧米の大学や研究機関への留学者数は、年々減ってきています。これは、中長期的に見ると日本の外交にとってマイナスになります。留学者数の減少は、国際的なエリート層のネットワークの中で、日本人の数が減っていくことを意味します。中国や韓国はそこに力を入れていますから、対外的に見て弱点となる可能性があります。

欧米偏重はいかがなものか——そういう意見もあるとは思いますが、国際的な人的ネットワークの観点からすると、欧米の大学や研究機関が一つのハブになっている現実は否めません。奥田氏は、欧米の一流大学留学による学位取得者の数を顕著に増加させることは喫緊の課題であり、そのための奨学金制度を大きく拡充すべきと提言します。

第二に、外務省による人材リクルートの多角化です。近年、日本の企業では終身雇用制が崩れ、転職や中途採用が当たり前になりつつあります。この潮流は国家公務員にも及んでいて、外務省においても、公務員試験で選抜する新卒者のほかに、大学・研究所・民間企業からの中途採用を行っています。奥田氏は、これをより組織的に行うべきだと指摘します。同時に、優秀な人材を得るためには、外務省に入ってくる人と出ていく人双方に向けて、転職を前提としたキャリアパスを外務省側が用意することも必要と見ています。私としても、外務省側・民間企業側の双方に、このニーズはあると思われます。

第三に、職場における教育の強化です。第1章で述べたように、外務省に入省した職員は二年〜三年の語学研修を課されます。奥田氏は、その研修を終えた後にも、語学・地域事情・貿易・経済・金融などについて、相当な負荷をかけた研修が必要だと主張します。

こうした研修は、諸外国では珍しくありません。たとえばアメリカでは、外交官の勤務地を変更する場合、数か月から一年ほどをかけて、次の任地に必要な事柄をしっかり研修させます。一方日本では、異動の前日まで直前の勤務地に勤務して、次の勤務地に着任した直後から通常業務を開始するのが通常です。つまり、赴任地に関する基本的な知識もないままに業務を始めざるを得ないことが多く、これは当人にとっても、また相手国にとっても決してよいことではありません。

これら三点を改善していくためには、当然ながら、担当する組織と資金の確保が必要です。奥田氏が言うように、外務省組織だけでは改革が進まないため、民間企業の協力を得ながらシステムを構築すべきでしょう。

4 どこから変えていくべきか

改革のインセンティブは何か

以上のように、外務省の人事機構は変革する必要があります。その際に決定的に重要なのは「変えていくにあたってのインセンティブは何か」を明らかにすることです。

大企業も同じだと思いますが、組織の存続にとって決定的に重大な問題が起きないかぎり、自分たちの組織を変えていこうという機運はなかなか高まりません。そして、結果としてますます劣化してしまう。いわゆる「大企業病」です。外務省についても、改革のインセンティブが示されないかぎり、変えていくことは難しいでしょう。

では、外務省にとってインセンティブとなり得るものは何か――これまでにも再三述べてきましたが「国民の関心」です。外交に関する国民の関心が高まれば、外務省も変わらざるを得ないし、変わっていく必要性を実感するはずです。

国民の関心を喚起するためには、メディアの役割も非常に重要です。外交・国民・メディア、これらは三位一体なのです。

私は以前から、外交に関する日本国民の関心が高まらない背景には、メディアの問題が根深いのではないかと考えてきました。私が外務省在職時代の終盤に所属したのは報道課ですが、そのときはこの論点に真正面から取り組みました。

そもそもの前提として、役所側の発信の仕方に問題があります。国会中継を見ればわかるように、役所の答弁はきわめてつまらない。野党の追及から逃げることが目的になっているからです。役所のホームページも同様です。アピール下手で、国民に理解してもらおうという内容になっていませんし、揚げ足を取られないことに腐心する書きぶりです。これでは国民の関心も深まりません。

メディアの役割と責任

以上の前提を踏まえてなお、メディアの役割を問う必要があります。

私が外務省報道課に在席していた当時、よく大臣記者会見などの司会を務めました。そこで付き合いのできた政治部の記者たちとよく議論になったのは、「結局のところメディアは何を報じるべきか」というテーマです。

この点については、大きく二つの立場があるでしょう。まずメディア側には「政府広報の垂れ流しをするわけにはいかない」という報道倫理があります。これは当然です。そして「メディアは国民の関心に沿ってものごとを伝えるべきだ」という意見もよく聞くところです。

しかし、後者の見解が成り立ってしまうと何が起きるでしょうか。国民の関心が薄い外交については、別に伝えなくても構わないという判断が成立してしまいます。それでもアメリカや中国はまだマシで、中東や第三世界の外交に関しては国民の関心がほとんどありませんから、報じる必要性がゼロになります。それでは埒《らち》が明きません。「ニワトリが先か卵が先か」ではありませんが、メディアの報道と国民の関心は表裏一体なのです。それこそが私の強調したいことです。

苦言を呈するようですが、報道に携わる方たちはもっと外交について勉強し、丁寧にものごとを見て、わかりやすく発信する努力をする必要があると考えます。中央省庁の記者クラブに所属する記者は、場合によっては一年ごとに異動で入れ替わりますが、これでは記者の知識も深まらないでしょう。はっきり申し上げると、役所側はそうした記者のことを軽く見ています。

記者が何も知らないことは、役所にとってはむしろ好都合になります。その点も大きな問題でしょう。

特に外交については、外務省の専権事項だという意識が強く、記者に対するサービス精神はほとんどありません。外務省としては、都合のいいことはメディアに流して、都合の悪いことはできるだけ隠したいと思っている。そこを突破するためにも、報じるメディア側の意識改革が必要です。

国民の「無関心」が損なう国益

以上のように、役所とメディアは、お互いが変わらないといけません。ここがおざなりになったままだと、国民が外交について関心を高めることはないでしょう。繰り返しになりますが、それが日本の国益を損なう原因となっています。

いま、世界ではグローバルサウスの国々が存在感を増しています。中東の情勢に目を向けると、イスラエル・ハマス戦争が勃発してから再び混迷していますが、目覚ましい経済発展を遂げた湾岸諸国では「脱石油」の新しい動きもあります。

こうした国々や地域のことを、日本のメディアが厚く、しかも継続的に取り上げることはきわめて少ない。メディアが取り上げるのは、アメリカ・中国・ロシアなどの大国が中心です。では、ニュースの受け手である国民が「それでは困る」と言って、政府が発信する情報にアクセスするかと言えばそれもなく、ホームページを見たとしても内容や伝え方がつまらない。

いま、人々がニュースを得る手段はＳＮＳが中心で、テレビを見たり新聞を読んだりする人は減っています。しかし、そこを嘆いても仕方がない。まずは、政府とメディアの関係を立て直していくことから、国民の関心を醸成《じょうせい》していく必要があると思います。

日本の常任理事国入りが難しい理由

本章の最後に、日本が目指している国連安全保障理事会の常任理事国入りについて触れておきましょう。結論から申しあげると、日本の常任理事国入りはきわめて厳しいと言わざるを得ません。その理由にも、大国重視、中小国軽視の外交方針が関わっていると考えています。

さきほども述べたように、現在の国際社会を見渡してみると、いわゆる先進国（Ｇ７）だけでなく、グローバルサウスをはじめとするさまざまなプレーヤーが力を持つようになっています。ロシアのウクライナ侵攻があって以降は、アメリカが主導する民主主義陣営と、ロシアや中国が主導する権威主義あるいは専制主義の陣営とのあいだの対立が先鋭化しています。

現在、それぞれの陣営が自分たちの味方を少しでも増やそうと、自分たちの陣営に引き入れる国の奪い合いをしようとしています。そうすると、逆説的ではあるのですが「奪われる側」の国々も力を持つようになっています。

簡単に言えば、「○○を約束してくれるなら、民主主義陣営に入る」という立場をとる国々の存在感が増しています。そのため、アメリカも中小国の言い分を聞くようになっていますし、中国も自らの陣営を強固にするため中小国に積極的に投資しています。こうして、国際外交の舞台においては世界中の国々がある程度の力を持つようになってきました。

国連という組織もこれと同じ状況にあります。国連は一国一票制度を採用していて、一つの議案に対して採決を取る際、日本は一票だがアメリカは二〇票持っている、などということはありません。国連に対して支払っている分担金や拠出金の多寡《たか》に関係なく、加盟国にはどの国も一票ずつが与えられています。したがって、日本が常任理事国入りを目指すのであれば、一九〇以上ある国連加盟国からできるだけ多くの賛成票を得ることが必要になります。

フラットな外交への転換を

ところが、日本外交がこれまで取ってきた路線は、この目的とは真っ向から反するものでした。

ご承知のように、日本外交が最重視するのはアメリカで、それに続くのがG7です。つまり、超大国であるアメリカを円の中心に置き、そこから同心円状に、関係の濃い国を近くに、薄い国は遠くに置く外交を展開してきました。グローバルサウスと呼ばれる国々に関しては、円の一番外側に置かれていました。

そうした発想に基づく外交を続ける限り、日本の常任理事国入りが叶うことはないでしょう。

同心円状の外交戦略には別の問題点もあります。それは、総理大臣や外務大臣が代わった場合、ふたたび円の中心（アメリカ）からスタートして、円の外側に向かって順番に外交をしなければならないことです。

二〇一二〜二〇年の安倍長期政権において、安倍首相は「地球儀を俯瞰《ふかん》する外交」を打ち出しました。その真意がどこまで国民に伝わっていたかはわかりませんが、この外交方針は歴史的に見ても非常に画期的でした。

「地球儀を俯瞰する」ということは、すべての国をフラットに見ることを意味します。もちろん日本にとってアメリカが重要な同盟国であることに変わりはありませんが、そのアメリカを円の中心に据えるのではなく、地球儀を俯瞰するように眺めて、日本からのアプローチが足りない国を洗い出すわけです。

残念ながら、その後の政権では同心円状の外交戦略に戻ってしまいましたが、日本が本気で常任理事国入りを目指すのならば、世界をフラットに見渡す外交に変えていかなければなりません。

さきほども述べたように、国連においては、すべての加盟国が同じ一票を持っています。いくらG7を重視すると言っても、G7だけでは六票にしかなりません。大票田という意味では、アフリカ、中東、中南米の国々とこそ、良好な関係を築いていくことが求められます。大使の人事も、そうした国にこそ優秀な人材を送る必要があるのではないでしょうか。

日本が常任理事国入りを目指すうえで最大のハードルとなるのは、中国の存在です。日本がグローバルサウスの国々と関係を強化しようとすれば、中国はその動きを必ずブロックしてくるはずです。中国からすれば、日本が常任理事国になることは認められない。日本が本気で常任理事国になりたいのであれば、さまざまな場面で中国との勝負に勝たなければならないのです。

そのためにも、外務省改革を含めた外交の抜本的な見直しが必要です。いまが日本外交にとっての正念場、ターニングポイントと言えるでしょう。

第5章 日本外交が持つ可能性

1 「脱アメリカ依存」は可能か

アメリカ偏重の日本外交

第4章では、外務省の内部論理に触れながら、外務省という組織が抱える課題について建設的な批判を試みました。最終章となる本章では、これまで論じてきた日本外交の課題を踏まえて、日本外交にはどのような可能性があるかを論じたいと思います。

二〇二三年にイスラエル・ハマス戦争が勃発してからというもの、中東情勢は混迷を深めるばかりですが、そうした情勢にあって日本が果たすべき役割、また、日本だけが担える役割についての提言をまとめたいと思います。

戦後日本の外交は、何と言っても対米関係が中心でした。記憶に新しいところでは、二〇二四年四月、岸田文雄前首相が国賓待遇でアメリカを訪問していますが、首相の訪米ともなればメディアも巻き込んだ一大イベントです。内閣支持率が低迷していた当時の岸田首相にとって、訪米は政権浮揚の狙いもありました。

岸田首相はアメリカで、バイデン大統領との首脳会談のほか、日本の首相として史上二人目となる議会上下両院合同会議での演説を行いました。日米同盟の重要性と強固さを英語で強調する岸田首相のスピーチは、アメリカでは評価されました。

岸田前首相は、中東にはほとんど関心がありませんでした。第2章でも触れましたが、戦後の外務大臣としては歴代二位（専任の大臣としては一位）の四年七か月に及ぶ在任中、中東を訪問したのはわずか二回に過ぎません。首相になってからも、UAEで開催されたCOP28への出席を除けば、サウジアラビア、UAE、カタールを一度歴訪したのみで、イスラエルやパレスチナは訪れていません。

こうしたアメリカ偏重の外交は、ある程度見直すべきでしょう。以下では、その理由を論じたいと思います。

アメリカが抱えたトラウマ

かつて、たしかに「アメリカ一強」の時代がありました。そのピークは、冷戦が終結した後の一九九〇年代です。

一九九一年の湾岸戦争は多国籍軍の勝利に終わりましたが、主導的な役割を果たしたのはアメリカにほかなりません。また、一九九三年にイスラエルとパレスチナの間に成立した歴史的なオスロ合意も、アメリカのクリントン大統領（当時）が仲介し、積極的に動いたことで実現しました。一九九〇年代のアメリカは、自他ともに認める「世界のリーダー」だったと言えます。

ところが、二〇〇一年にアメリカ同時多発テロが発生し、二〇〇三年にイラク戦争が勃発したあたりから、アメリカの外交は明らかに変調をきたすようになりました。アメリカによるイラク統治は一向にうまくいかず、オバマ大統領（当時）がイラクでの作戦終了を宣言したのは、開戦から七年後の二〇一〇年のことです。軍の撤退が完了したのはその翌年ですから、アメリカはイラクに八年も費やした計算ですが、アメリカがこの戦争で得たものはほとんど何もありませんでした。

中東にエネルギーを使いすぎてしまった――アメリカはそのトラウマから、二〇一〇年代以降、外交面でどんどん内向きになっていったのです。

「アメリカは世界の警察官ではない」

そのことが顕著に表れたのが、二〇一一年に始まったシリア危機です。

シリア各地で反政府デモが発生すると、当時のアサド大統領はそれを武力で弾圧しました。ロシアもシリア政府軍を支援しています。そんななか、シリア政府軍が化学兵器を使って自国の民間人を多数殺害していた事態が二〇一三年に発覚します。本来であれば、アメリカにとってレッドラインを越えた事件で、すぐにでもシリアを攻撃しなければならない事態です。

ところが当時のオバマ大統領は、軍の最高司令官としてただちに攻撃を命じるのではなく、武力行使について連邦議会に諮《はか》る方針を示しました。このとき、オバマ大統領が米国民に向けた演説の一節はあまりに有名です。

「アメリカは世界の警察官ではない」

この発言は、国際社会に大きな衝撃を与えました。一九九一年から一強時代を続けてきたアメリカが、自らその座を放棄したことを意味するからです。この発言の翌年にあたる二〇一四年、ロシアがウクライナのクリミア半島を併合したことは象徴的です。

二〇二一年八月、アメリカはアフガニスタンにおける二〇年におよぶ軍事作戦を終わらせ、当地から完全に撤退しました。武装勢力タリバンが再び実権を握った直後のことで、アフガニスタンの人々や駐留していた米軍兵士を大変な混乱に陥れる事態につながりました。その翌年、ロシアがウクライナに侵攻します。

一連の流れから言えることは何でしょうか。それは、イラク戦争のトラウマを抱えたアメリカが、もはや海外に自国の兵を出す意思はないということです。

ロシアによるウクライナ侵攻が起きた後でも、アメリカはウクライナに兵を出していませんし、そもそもそんな話は一切出ませんでした。この二〇年間に中東で疲弊したアメリカを象徴する光景です。アメリカはもうすっかり弱っていて、国外で「世界の警察官」として振る舞う意思も体力もありません。

にもかかわらず、日本はいまだにアメリカに頼っています。

たとえば台湾有事について考えてみましょう。アメリカは、中国と台湾の関係についてあえて「曖昧戦略」を取り続けています。「台湾は中国の不可分の一部」とする中国の主張については「認識」しているとし（ここは重要ですが「承認」ではありません）、積極的に異を唱えない形での現状維持を目指しています。

二〇二二年五月の来日時、台湾有事が起きた場合に米国が軍事的に関与する用意があるかと問われたバイデン大統領は、次のように答えました。

「イエス。それが我々の約束だ」

この発言は、アメリカが「曖昧戦略」を変更したものと受け取られましたが、バイデン大統領による失言風に見せた日本へのリップサービスととらえるべきでしょう。事実、ホワイトハウスは直後に「政策に変更はない」と戦略の見直しを否定しています。

問われる日本の態度

バイデン大統領の発言は、日本側にも驚きを与えました。なかには「心強い」という受け止めもありました。つまり、バイデン大統領のリップサービスを真に受けて、「世界の警察官」という立場から降りたアメリカに、引き続き頼ろうと考えているわけです。

こんな国は、世界中を見渡しても日本だけではないでしょうか。たとえば私がよく知るサウジアラビアは、アメリカに対してもまったく動じず渡り合っています。第2章で見たように、石油の増産を依頼してきたバイデン大統領に対して、かえって大幅減産の答えを突きつけるくらいです。

日本と同じくアメリカの同盟国であるイスラエルのネタニヤフ首相も、アメリカに対して物申す外交をしています。二〇二三年一〇月にイスラエルがハマスに急襲されて以降、バイデン大統領に対してイスラエル支援が不十分だと訴え続けてきました。

ひるがえって日本はどうでしょうか。日本政府は、アメリカの顔色を窺うばかりで、こうした態度を取ることがまったくできていません。日本にとって日米同盟がきわめて重要なことは確かです。しかし現実として、アメリカの国力は落ち、国際社会におけるプレゼンスも低下しています。日本は、そのことが持つ意味をもっと深く理解する必要があります。

私は仕事の関係で中東をよく訪ねるのですが、現地でアメリカを信頼する声を聞いたことがほとんどありません。ロシアがウクライナに侵攻して以降、アメリカはたびたびロシアを非難する声明を発していますが、中東では「イラクに侵攻したのは誰だ」と皮肉を言われています。

アメリカの自己中心的な振る舞いを非難する見方は、もはや世界中の常識になっているのに、日本だけがそれを知らないのか、はたまた見て見ぬふりをしたいのか、いまだにアメリカに頼り切っています。

日本外交のプライオリティ

このように書くと、外務省は「ＱＵＡＤ」などの新しい枠組みを持ち出して、反論してくるはずです。

ＱＵＡＤとは、「自由で開かれたインド太平洋」の実現を旗印に、日本・アメリカ・オーストラリア・インドの四か国が集った枠組みで、安全保障や経済の協議を目的としています。この四者は、自由や民主主義、法の支配といった基本的価値を共有するとされ、特定の国を念頭においた枠組みではないものの、対中国の意味合いが強いことはよく指摘されるところです。

たしかに、ＱＵＡＤはアメリカ一国におんぶにだっこの枠組みではありませんし、本気で中国と向き合うためには、こうした多国間の連携が不可欠です。新しい取り組みには、一定の評価をすべきでしょう。

しかしそうは言っても、日本外交が最重要視しているのは依然としてアメリカです。再三再四述べているように、対米外交を重視すること自体が悪いのではありません。アメリカが弱っているという事実をしっかり直視しなければならないし、それができていないことが問題なのです。

その延長に、第4章で述べたグローバルサウスとの関係があります。国力を減退させつつある日本が、これからの世界で生きていくためには、対米重視、G7重視だけではもはや足りません。最近になってようやく「グローバルサウス外交」という言葉が聞こえてくるようになりましたが、本当の意味での体制作りは、まだ始まってすらいないように見受けられます。

とにかくアメリカに頼っていれば大丈夫、アメリカとの関係が良好であればいい——そんな外交はもう成り立ちません。そのことにより自覚的になり、国際秩序の変化に合わせて、外交のプライオリティを変えていく必要性が問われています。

2 日本外交が目指すべき道

日本にしかできない外交

アメリカが「世界の警察官」の座から降り、目まぐるしく変化する国際秩序の中で、日本が取れる立ち位置はどのようなものでしょうか。結論から言えば、私は「アメリカができないことをやれるかどうか」が最大の鍵だと考えています。

アメリカは大統領選の結果によって外交方針が転換しますが、民主党政権であれば、世界に対して掲げる価値は「民主主義」や「人権」といったものになります。バイデン大統領は、こうした価値に賛同する国々を集めて「民主主義サミット」を二回開催しています（二〇二一年一二月、二〇二三年三月）。ちなみに、第三回目は韓国の主催で二〇二四年三月に行われました。

こうした動きは、世界を色分けする行為でもあります。つまり、「民主主義サミット」にどの国を招待し、どの国を呼ばないかによって、世界に分断線を引いているわけで、国際社会の中にいたずらに対立構造を作っていくことにもつながります。

こうした色分けをされるとき、日本は民主主義陣営に区分されます。それはそれで構いません。しかし日本が本当にやるべきは、むしろ世界の分断を抑えることです。

アメリカは軍事力の行使によって世界中に民主主義を広めようとし、中東でそれに失敗しました。日本に求められているのは、アメリカにはできないこと、つまり軍事力に頼ることなく、世界の分断にきめ細やかに対応していくことです。それは、アメリカと強固な同盟関係を維持することと並行できるはずです。

分断する世界にこそ日本の活路あり

そもそも、世界の分断を回避することは日本の国益そのものです。

日本はあらゆる面で、世界に頼らなければ生きてはいけない国です。エネルギー資源はありませんし、食料も約六割を輸入に頼っています。世界が安定してこそ、日本も生きていける——その点を忘れてはなりません。

では、世界の分断を回避するために、具体的に日本ができることとは何でしょうか。それは、アメリカがいたずらに分断を図ろうとしたときに、しっかりとアメリカに物申すことです。

それと同時に、アメリカ以外の大国、すなわち中国やロシアに対するパイプを維持し、しっかりと外交関係を作ることが重要です。ロシアのウクライナ侵攻以来、日本のロシア外交は途絶えたままですが、それで本当によいのかは改めて考える時期に来ていると思います。

もし世界の分断回避に日本が一定の役割を果たすことができれば、それはアメリカとの関係においても日本のカードになり得ます。

アメリカのバイデン大統領は、民主主義や人権といった価値を掲げるあまり、イラク戦争以後の中東世界、とりわけサウジアラビアとの関係を大きく悪化させました。日本はそこを取り持つことができる、数少ない国の一つだと思います。自由、民主主義、法の支配といった基本的価値は大切にしながらも、それらを押し付けたり、いたずらに波風を立てる主張をしたりするのではなく、国によって濃淡を付けながら対応するのです。

アメリカには、軍事力の行使によって民主主義を他国に持ち込もうとし、中東を大混乱に陥れてしまった過去があります。他国との外交関係において価値を掲げる際には、相手をきめ細やかに見て対応することが重要です。そうして世界から分断を取り除いていくことが、日本外交に求められています。

「地を這う外交」の重要性

対中国の外交においても同じことが言えるでしょう。

第4章の最後で、国連安全保障理事会の常任理事国入りに際しては、中国が大きなハードルになると指摘しました。これに限らず、国際社会で日本が中国に勝とうとした場合、「華々しく勝つ」のではなく、「地道に勝つ」ことが重要です。

中国は資金も人材も豊富なため、アフリカだろうが中東だろうが、世界中のどこに行っても彼らの存在があります。単純に数で戦っているようでは、日本はかならず負けてしまいます。

ですから日本に必要なのは、金にものを言わせるようなやり方ではなく、「相手が何を求めているのか」「どういった支援が必要なのか」をきめ細かく聞き取り、すっと手を差し伸べるような外交です。私はこれを「地を這《は》う外交」と呼んでいますが、そうした相手の立場に寄り添うような外交は、中国が不得手とするところです。

アメリカの外交は、自国が重んじる価値を他国に受け入れさせるものでした。かたや中国が進めているのは、豊富な資金力で新興国の利権を根こそぎ持っていく外交です。

いずれも、当事者である国とのあいだに多かれ少なかれ溝が生じます。そこを日本が独自の観点で補っていくのです。それこそが日本の国益であり、世界の分断を避けることにもつながります。

国益を戦略的に考える

実は、日本には「地を這う外交」の立派な歴史があります。政府開発援助（ＯＤＡ）によって、ＪＩＣＡの職員たちが新興国に対して技術支援を行ったり、青年海外協力隊がボランティア活動をしたりと、さまざまな国で地道な活動が行われてきました。

そうした活動は、その国で大変高く評価されています。ただ、私の目にはもう少し戦略的に行う余地があるように見えます。対アメリカ・対中国という観点を意識しながら、どの国や地域の活動に重点を置くことが日本の国益につながるのか、戦略的に考えていく必要があるでしょう。

こうした「地を這う外交」は、トップ外交が行われると、より活性化される側面があります。現職の首相が訪問すれば、その国や地域のことが少なくともメディアには取り上げられ、国民の関心を呼ぶきっかけになります。そうすれば、現地の日本大使館もやりがいを持って取り組みます。「地を這う外交」を推進していくためには、こうした循環を作っていく必要があります。

とはいえ、世界すべての国に対して、こうした外交を展開することは現実的ではありません。総理大臣の体は一つしかありませんから、優先順位を付ける必要があります。その際に重要なのは、対アメリカ・対中国という軸に意識的であること、世界をフラットに見ることです。

繰り返しになりますが、外交における優先順位の付け方は、発想ごと変えていかなければばなりません。

3　国際情勢から見た日本の国益

パレスチナ情勢と日本の国益

イスラエルによるガザ侵攻が起きたとき、「イスラエル寄りのアメリカに配慮して声高にイスラエルを非難できなかった日本は情けない」という声が聞かれました。

しかし私は、異なる二つの立場が存在するとき、どちらを支持するか立場を表明することが無条件に必要だとは思いません。重要なのは日本の国益です。イスラエル・ハマス戦争が関係する中東地域において、日本の国益は「地域の安定」にほかなりません。「イスラエル支持」あるいは「パレスチナ支持」と立場を明確にすることが、日本の国益にかなわないのであれば、必ずしも立場を明確にする必要はないと考えます。

この点は、なかなか一般的な理解を得られないかもしれません。世界に対立が起きたとき、私たちはどうしても「どちらの側につくか」が決定的に重要だと考え、立場をはっきりさせるべきだと考えがちです。ところが、外交の肝はそこではないのです。

イスラエル・ハマス戦争を例に考えてみましょう。二〇二三年一〇月に戦闘が始まるまで、日本とイスラエルの関係は非常に良好で、日本企業の現地進出も積極的に進められていました。しかし今回の有事に際して、日本が徹底的にイスラエルを非難し、良好だった関係そのものを見直すとしましょう。当然、それによってイスラエルとのパイプは切れてしまいます。長期的な視点に立つと、そのことのほうがよっぽど問題です。

日本にとって最悪のシナリオは、国家の明暗を握る中東世界において、各国とのチャンネルを失ってしまうことです。パイプが途絶えた状態で戦火が拡大したら、石油輸出をはじめとする重大な事項が、日本を抜きにして決定してしまいます。それだけは何としても避けなければなりません。

国が滅びる外交とは

裏を返せば、どんな状況になろうとチャンネルさえ保っていれば、日本も中東の安定に対する当事者になれるということです。中東世界で当事者になることの重要性については第2章で説明したとおりですが、それが日本の国益につながります。

ですから、日本は必ずしも目立つ外交をする必要はありません。さきほども述べたように、中東世界における日本の国益は「地域の安定」です。日本としては、中東を安定させるためのプレーヤーとして、中東とのパイプをきちんと維持しておくことが重要なのであって、戦争当事者のいずれかの立場に立ち、もう一方を非難することではありません。

同じことはイランとの関係についても言えます。

日本とイランは伝統的に長く関係を築いてきましたが、イランと対立するアメリカからは、その関係が非難の対象になることがありました。しかし日本にとっては、アメリカに圧力をかけられたからといって、イランとの関係を悪化させ、長年の取り組みをリセットすることのほうが問題です。

イランに限らず、中東では人権侵害ともとらえられる社会制度が残存しています。日本としてそれを非難しないのはおかしい——そう考える人もいるでしょう。しかし原油の九割以上を中東に依存している日本の立場からすれば、これはやむを得ないのです。それが外交のリアルです。

外交は、その国が持っている能力と比例する形でしか展開できません。つまり、資源のない国には、資源のない国としての外交しかできないのです。もし矩《のり》をこえる外交を行ったとしたら、その国は滅びてしまいます。この点は肝に銘じておくべきでしょう。

ロシア・ウクライナ戦争と日本の国益

いま述べたのは、日本が原油輸入の九割を依存する中東世界における原則です。どのような外交を展開するかはエリアによって異なります。その例として、今度はウクライナ情勢と日本外交の関わりについて考えてみましょう。

ロシア・ウクライナ戦争においては、日本は国際社会と歩調を合わせ、ロシアを明確に非難しました。これにより、日本とロシアの関係は相当悪化しています。現在も大使館は置いているので断交に至ったわけではありませんが、事実上、断交に近いような状態が長らく続いています。

ただし私は、ロシアを明確に非難したことは妥当な判断だと考えます。なぜならば、それにより日本の国益が大きく損なわれることはないからです。

ここでもエネルギーが問題となります。開戦前、日本はロシアから原油を輸入していましたが、その割合は全体の三・六パーセントにすぎません（二〇二一年）。仮にロシアとの関係が悪化したとして、原油輸入が途絶えたとしても、国として生き延びることはできるとの判断は成り立ちます。

事実、ロシア・ウクライナ戦争が始まってから、G7やEUはロシアからの原油輸入の禁止に踏み切り、日本もそれに歩調を合わせましたが、深刻なエネルギー不足には至らずに済んでいます。ロシアからの輸入が途絶えたぶん、中東へのエネルギー依存が高まるわけですが、それも承知のうえで切ったカードです。

では、ロシアを非難することで日本が失ったものは何でしょうか。当然ながら、北方領土の返還は当分あきらめざるを得ないでしょう。とはいえ、もともと私はプーチン政権のうちに北方領土返還交渉が進展するとはまったく思っていなかったので、日本の国益に照らして妥当な判断だったと思います。

「立場を表明しない」という立場

ここで押さえておくべきは、ロシアを非難することが、中国へのメッセージにもなっているということです。ロシアがウクライナに対して行使した軍事力による一方的な現状変更は、日本としてとうてい看過することはできない——それはそっくりそのまま、中国に向けた言葉にもなり得ます。

こうして整理すると、ロシアを非難することに日本の国益があるということがおわかりいただけるのではないでしょうか。

ひるがえって「イスラエル支持」あるいは「パレスチナ支持」の旗色を鮮明にすることが、日本の国益にかなうとは考えられません。中東諸国とのチャンネルを消滅させることによって、最悪の場合、日本の原油輸入が途絶えてしまう可能性すらあるからです。

あまり意味のない比較ですが、日本にとって「ロシアを失うこと」と「中東を失うこと」とでは、後者の影響力のほうが圧倒的に大きいです。すでに述べたように、外交は、その国が持っている能力と比例する形でしか行えないのです。

したがってイスラエル・ハマス戦争においては、「立場を表明しないこと」自体が一つの立場なのです。その立場を取ることが国益にかなうならばそうすべきですし、対外的にもそのように説明をすればいい。

ところが日本のメディアは、世界に対立が生じると「日本政府はどちらの立場につくのか」と聞きたがります。それはメディアの勉強不足であると同時に、政府や外務省の説明不足だと思います。「立場を表明しない」ということが立場になり得ることをメディアに理解してもらわないかぎり、国民は「結局日本はどちらにつくのか」という点にしか関心が向かず、日本の国益について議論を深めることはできないでしょう。
そうした外交上の戦略が国民に広く知れ渡り、活発な議論が交わされるようになれば、国際社会における日本のプレゼンスは高まるはずです。

「当時者意識のない国は、国際社会で相手にされません。適当にあしらわれるだけです」

このように証言してくれたのは、エジプト大使やサウジアラビア大使を歴任した奥田紀宏氏です。奥田氏は、イスラエル・ハマス戦争やロシア・ウクライナ戦争について、日本では議論があまりに静かすぎることを問題視し、一般国民のあいだでもっと真剣な議論がなされることを期待しています。

外交活動を展開するうえで最善の形は、国際紛争、開発支援、貿易問題、環境、人権、難民や移民の問題等について、日本人がどのような関心を持っているのかを示し、そのような世論を背景として外交の任に当たることです。

さきの発言に「当事者意識」とありましたが、それを醸成するのは国民の関心にほかなりません。奥田氏が指摘するように、国民のあいだで真剣な議論が交わされ、外交についての関心を高めていくためにも、政府から独立した報道機関の果たすべき役割はきわめて重要です。

国益を起点とする外交

ここまで本書をお読みいただければわかるように、すべての外交は「国益」を起点に展開する必要があります。

ロシア・ウクライナ戦争においては、武力行使に踏み切ったロシアを非難することに日本の国益がありました。日本は、国際社会における民主主義陣営の一員として、あるいはG7のメンバーとして、ロシアと対峙《たいじ》するウクライナ支援に貢献する必要があります。では、そこにかかっている日本の国益とは何でしょうか。冷たいことを言うようですが、私にはそこまでの国益があるようには思えません。

ロシアによる侵攻開始以来、ヨーロッパやNATOではウクライナへの軍事支援について具体的な話し合いが行われ、実行されています。こうした動きに対して、日本はまったく蚊帳《かや》の外ですが、私はそれで問題ないと考えます。そこに日本の国益は薄いからです。むしろ、この戦争が終結し、ウクライナが復興のフェーズに入ったときこそ、日本にしかできないことが浮上し、そこに国益が見いだせるはずです。日本はそうした貢献をすればよいのです。

ただし、同じ復興支援でも日本にとってより重要なのはガザでしょう。なぜならば、ガザの復興は「中東の安定」という日本の国益とそのまま合致するからです。

イスラエル・ハマス戦争があらためて明らかにしたのは、パレスチナの問題を解決しないかぎり、中東は争いが続くという事実です。中東に国益がかかっている日本としては、パレスチナ問題の解決にも積極的に関与する必要があります。ガザの復興支援は、そのシンボルとなるでしょう。

いささか気が早い話であることは重々わかっています。イスラエルとハマスの停戦交渉は難航し、いまはまだそのフェーズにありません。しかし、今回の戦争もかならずどこかのタイミングで停戦を迎え、ガザの復興に焦点が移るはずです。そのときに日本が蚊帳の外に追いやられては国益を逸するので、できるだけ早く、むしろいまから食い込んでおくことが必要です。

ガザ復興に寄せられる期待

パレスチナ問題の解決に向けた国際的な枠組みについては、日本は過去に参画して実績を挙げた経験があります。順を追って説明しましょう。

一九九〇年の湾岸危機に際し、イラクのフセイン大統領は、自らのクウェート侵攻をイスラエルによるパレスチナ占領に結びつけ、国際社会がイラクに対してクウェートからの撤退を求めるならば、イスラエルにもパレスチナから撤退するよう圧力をかけるべきだという論を展開しました。これにより国際社会は、パレスチナ問題の解決が中東の平和と安定のためには不可欠であると認識します。

そこでアメリカは、関係国に働きかけて和平交渉の枠組みを作り上げ、一九九一年一〇月にマドリードで中東和平会議を実現させます。アメリカとソ連（後にロシアが継承）が共催し、イスラエルとアラブの全紛争当事者（パレスチナ・ヨルダン合同代表団、レバノン、シリア）が参加しました。

九二年一月には、イスラエルとアラブ諸国のあいだの二国間交渉を支援し、補完するため、中東和平多国間協議が開催されます。その設置目的は、地域に共通する問題を域外国も交えて話し合い、地域協力の方策を共に探ることで、紛争当事国の信頼を醸成することにありました。この協議にはマドリード和平会議への参加者に加え、湾岸諸国や北アフリカ諸国、EC（のちのEUの前身）、日本、カナダなど三〇か国以上が参加しました。

中東和平多国間協議において、日本は大きな役割を果たしました。この協議には、安全保障および軍備管理、地域経済開発、水資源、難民、環境という五つの作業部会が設置されたのですが、日本は環境部会の議長国および水資源部会の共同議長国を務め、リーダーシップを発揮したのです。今後待ち構えているガザ復興においても、こうした実績や経験を活かすことが日本に期待されているはずです。

ある外交官の証言

本書の締めくくりに、ある外交官の証言を紹介したいと思います。ニューヨークで国連大使、パリで経済協力開発機構（ＯＥＣＤ）代表部大使を務めるなど、日本外交に大きな足跡を残した吉川元偉氏です。

ロシアによるクリミア半島併合が起きた二〇一四年三月当時、吉川氏は国連大使の任にありました。ロシアの行為は明らかな国際法違反行為でしたが、国連総会ではロシアを名指ししないかたちで、領土不可侵原則を確認する決議案が採決に付されました。

その際、吉川氏に課せられた役割はアジアグループでの賛成票を増やすことでしたが、賛成したアジアグループの国は、五四か国中二二か国（四一パーセント）に過ぎませんでした。

なぜ国際法違反が明白な事案に対して、これだけの票数に留まってしまったのでしょうか。こうした部分に外交の難しさが詰まっていると同時に、日本外交が目指すべき道のヒントがあるように私は考えます。

決議案に賛成票を投じなかったアジアグループの三二か国の思惑は何か――それは、さきほど私が日本の戦略として紹介したように、立場を曖昧にすることが自国の国益にかなうと考える国が一定数存在したからです。

それから八年経った二〇二二年三月二日、今度はロシアのウクライナ侵攻を受け、国連総会でロシアを非難し、ウクライナからの撤兵を要請する決議案が採択に付されました。アジアグループで賛成した国は三七か国（約七〇パーセント）で、二〇一四年より大きく賛成票が増えています。中国やインドを含む一七か国は賛成しませんでしたが、これは大きな進展と言っていいでしょう。

「多国間外交」の必要性

これまで日本は、対アメリカ・対中国など、特定国との関係を強化する「二国間外交」を重視してきました。しかしこれからは、二国間外交をベースとした「多国間外交」に力を入れるべきだ――それが吉川氏の提言です。

残念ながら、日本の国力はすでにピークを越えてしまったことは否めません。経済の長期低迷、人口減少、構造的な円安などの指標が、その事実を如実に示しています。国際社会において、日本はミドル・パワー（中堅国家）と位置づけられます。

そんな日本にとっては、唯一の同盟国であるアメリカとの関係に加え、民主主義、人権尊重、法の支配といった価値を共有する国々と関係を築いていくことは、非常に大事になってきています。あいにく、日本が位置するアジアのすべての国々が、これらの価値を共有するわけではありませんが、二〇一四年から二〇二二年にかけて国連決議案に賛成する国が増えたように、地道な努力を積み重ねていくことが何より重要です。

従来のようにアメリカだけを見るのではなく、アジアや中東、そしてグローバルサウスの国々と関係を作っていく――そういた努力を続けていれば、将来日本が困難な立場に置かれたときに報われるはずです。

「もちろん、日本の依頼に応えて協力してくれた国々には、日本もきちんとお返しをしなければなりません」（吉川）

やはりこれからの日本に求められているのは、世界をフラットに見て、きめ細やかに対応していく外交と言っていいのではないでしょうか。

〝アート〟としての外交

戦火に苦しむ人、飢餓におかれた子どもたち、離ればなれになった家族……そうした映像をニュースで見せられると、本当に心が痛みます。「なんとかしてあげたい」と人道的に考えるのは当然のことです。

力による一方的な現状変更を非難し、国際社会と協調して苦しむ人々を支援していくことは、日本が取り組むべき重要な課題です。一方で、これまで何度も繰り返し述べてきたように、外交の起点としては「何が日本の国益になるのか」という観点が常に重要です。この二つは両立する場合もあれば、両立しない場合もあります。

国際社会に向き合いながらも、同時に日本の国益を問う――これこそが外交官が追求すべきことと言えるでしょう。私が「地を這う外交」と呼ぶものも、吉川氏が希求する「多国間外交」も、それに合致するものだと確信しています。

「外務省の仕事は実におもしろい。日本の国益を総合的な観点から考えて、外交という形で実現できる。それは事務的な仕事ではなく〝アート〟と言えるものです」（吉川）

この意見には、私も心から賛同します。アートのような外交という仕事を、みなさんにもっと知ってほしい、関心を持ってもらいたい——その一心でここまで筆を進めてきました。

人間にとって、無視されることは批判されるよりもつらいと言います。外交においても同じです。批判であれ賛同であれ、外交に対する国民の関心が高まれば、国際社会における「当事者」としての日本のプレゼンスも高まりますし、それによって日本の国益が高められると私は確信しています。

本書関連年表

	中東情勢	日本の対応・情勢
一九三二	九月、サウジアラビア王国建国	
一九三六	四月、パレスチナ独立戦争勃発(〜一九三九)。イギリス委任統治領下のパレスチナで、ユダヤ人の入植とイギリス支配に対してアラブ人が蜂起するも、鎮圧される	
一九三八	三月、サウジアラビアでダンマン油田が発見される	
一九四五	一〇月、国際連合創設。原加盟国五一か国のうち、中東は七か国を数える	八月、第二次世界大戦終結
一九四七	一一月、パレスチナ分割決議が国連で可決。パレスチナ居住人口の約三分の一にあたるユダヤ人に、土地の五六%が与えられた	
一九四八	五月、イスラエル建国。イスラエル独立を受けてアラブ諸国が反発し、第一次中東戦争が勃発(〜一九四九)	
一九五二		四月、サンフランシスコ講和条約の発効により日本の独立が回復。一二月、在エジプト日本公使館が再開(戦後初の在中東公館)

一九五六	一〇～一一月、第二次中東戦争。エジプトのスエズ運河国有化をめぐって、エジプトとイスラエル・イギリス・フランスが争う	一二月、日本の国連加盟が承認される
一九六〇	九月、石油輸出国機構（ＯＰＥＣ）設立。イラクの提案に、イラン・クウェート・サウジアラビア・ベネズエラが応じて五か国で結成される	
一九六四	五月、パレスチナ解放機構（ＰＬＯ）結成	
一九六七	六月、第三次中東戦争勃発。イスラエルとアラブ諸国の間で争われ、わずか六日でイスラエルの勝利に終わる	
一九六八	一月、アラブ石油輸出国機構（ＯＡＰＥＣ）設立。クウェート・サウジアラビア・リビアの三か国で発足	一〇月、椎名悦三郎通産相がイラン・クウェート・サウジアラビアを歴訪（閣僚による初の中東訪問）
一九六九	二月、アラファトがＰＬＯ議長に就任	
一九七一	一二月、アラブ首長国連邦（ＵＡＥ）建国	
一九七二		五月、日本赤軍がイスラエル・テルアビブ空港を襲撃
一九七三	一〇月、第四次中東戦争勃発。イスラエルとアラブ諸国の間で争われ、国際連合の決議により同月中に停戦が成立。一一月、ＯＡＰＥＣが日本を「友好国」と決議	第一次オイルショック。一一月、二階堂進官房長官談話（新中東政策の発表）

一九七四		一一月、木村俊夫外相がエジプトを訪問（外相による初のアラブ国訪問）
一九七八	四月、アフガニスタン紛争勃発（～一九八九）。翌年、ソビエト連邦とアメリカの介入により内戦が本格化し、同国におけるタリバン台頭の一因となる	第二次オイルショック。九月、福田赳夫首相がイラン・カタール・UAE・サウジアラビアの四か国を訪問（首相による初の中東訪問）
一九七九	二月、イラン革命成就。反英米路線を掲げるイラン・イスラム共和国が成立。三月、米国ワシントンにてエジプト・イスラエル平和条約調印	
一九八〇	九月、イラン・イラク戦争勃発（～一九八八）	
一九八八		六月、宇野宗佑外相がイスラエルを訪問（外相による初のイスラエル訪問）
一九九〇	八月、イラクによるクウェート侵攻	八月、多国籍軍に対する一〇億ドルの支援を発表。九月、三〇億ドルの追加支援を発表。一〇月、国連平和協力法案が国会に提出されるも、翌月に廃案となる
一九九一	一月、湾岸戦争勃発。クウェートの解放を掲げる多国籍軍とイラクとの間で争われ、多国籍軍の勝利に終わる。三月、クウェートが「ワシントン・ポスト」など米国主要紙に感謝広告を掲載	一月、多国籍軍に対する九〇億ドルの追加支援を発表。四月、史上初の海上自衛隊海外派遣（ペルシャ湾）

一九九二		六月、国際平和協力法（ＰＫＯ協力法）が制定され、国際連合平和維持活動等に関する日本の協力が規定される。九月、史上初の陸上自衛隊海外派遣（カンボジア）
一九九三	九月、オスロ合意	
一九九五		九月、村山富市首相がイスラエルを訪問（首相による初のイスラエル訪問）
二〇〇一	九月、アメリカ同時多発テロ事件発生。一〇月、アフガニスタン戦争勃発（〜二〇二一）	一一月、テロ対策特別措置法（テロ特措法）が施行され、対テロ戦争の後方支援活動に関わる自衛隊の活動が規定される。同月、海上自衛隊がインド洋北部に向けて出航
二〇〇三	三月、イラク戦争勃発。五月、ブッシュ米大統領による大規模戦闘終結宣言（米軍の完全撤退は二〇一一年一二月）	五月、小泉純一郎首相がサウジアラビアを訪問。七月、イラク復興支援特別措置法（イラク特措法）が成立し、人道復興支援活動に限った自衛隊派遣が可能となる。一一月、奥克彦参事官と井ノ上正盛書記官がバグダッド近郊で銃撃され死去。一二月、航空自衛隊先遣隊がクウェートとカタールに向け出発

二〇〇四	一一月、アラファトＰＬＯ議長が死去	二月、陸上自衛隊がサマワに到着
二〇〇六	六月、イスラエルによるガザ侵攻開始	七月、サマワに駐留していた自衛隊が撤収を完了
二〇〇七	イスラエルがガザを完全封鎖	四月、安倍晋三首相がサウジアラビア・ＵＡＥを訪問
二〇〇九		八月、衆議院選挙において自民党が大敗し政権交代
二〇一〇	一二月、チュニジアで民主化運動が起こり、アラブ諸国へと伝播する(〜二〇一二)	二月、海上自衛隊がインド洋からの撤収を完了
二〇一一	二月、反政府デモによりエジプトの軍事独裁政権が倒れる。三月、シリア内戦勃発(〜現在)。五月、同時多発テロを首謀したオサマ・ビン・ラディンを米軍が殺害	
二〇一三		四〜五月、安倍晋三首相がサウジアラビア・ＵＡＥを訪問
二〇一四	七月、イスラエルによるガザ攻撃	七月、日本政府が集団的自衛権の行使を容認する憲法解釈変更を閣議決定
二〇一五	四月、サウジアラビアでムハンマド・ビン・サルマンが副皇太子に就き、実権を握り始める	九月、集団的自衛権の行使を可能とする安全保障関連法が成立

二〇一六	四月、サウジアラビアが「ビジョン２０３０」を策定し、脱石油依存の成長戦略と構造改革を掲げる。八～九月、サウジアラビアのムハンマド副皇太子が来日。一二月、ロシアやメキシコなどＯＰＥＣ非加盟国が参加する「ＯＰＥＣプラス」結成	
二〇一七	六月、サウジアラビアのムハンマド副皇太子が皇太子に昇格。一〇月、サウジアラビアの未来都市プロジェクト「ＮＥＯＭ」発表	三月、「日・サウジ・ビジョン２０３０」策定
二〇一八		四月、安倍晋三首相がＵＡＥを訪問
二〇二〇	九月、イスラエルとＵＡＥが国交を正常化	一月、安倍晋三首相がサウジアラビア・ＵＡＥを訪問
二〇二一	一〇月、ＵＡＥが温室効果ガスの排出ゼロ目標を二〇五〇年に、サウジアラビアが二〇六〇年に設定と発表	
二〇二二	四月、サウジアラビアのＮＥＯＭが着工（二〇三〇年完成目標）。七月、バイデン米大統領がサウジアラビアを訪問し、ムハンマド皇太子と会談。九月、ムハンマド皇太子が首相に就任	九月、ＵＡＥと「包括的・戦略的パートナーシップ・イニシアティブ」の実施に関する共同宣言に署名
二〇二三	一〇月、イスラエル・ハマス戦争勃発（～現在）。一一月、国連気候変動枠組条約締約国会議（ＣＯＰ28）がドバイにて開催され、「化石燃料からの脱却」に向けたロードマップが承認される	七月、岸田文雄首相がサウジアラビア・ＵＡＥを訪問

※本年表の作成にあたっては、石井祐一『戦後日本の対アラブ外交史　１９４５年－２０１０年』（中東研究センター）ほかを参照した

編集協力　山下聡子
校閲　福田光一
図版作成　手塚貴子
ＤＴＰ　山田孝之

中川浩一 なかがわ・こういち

1969年生まれ。慶應義塾大学卒業後、94年外務省入省。
在イスラエル日本国大使館、対パレスチナ日本政府代表事務所（ガザ）、
PLOアラファト議長の通訳、天皇陛下や総理大臣の
アラビア語通訳官などを経て、2020年外務省退職。
現在、国内シンクタンク主席研究員、ビジネスコンサルタント。
著書に『総理通訳の外国語勉強法』（講談社現代新書）、
『ガザ』『中東危機がわかれば世界がわかる』（ともに幻冬舎新書）など。

NHK出版新書 736

「新しい中東」が世界を動かす
変貌する産油国と日本外交

2025年1月10日　第1刷発行

著者　中川浩一
発行者　江口貴之
発行所　NHK出版
〒150-0042 東京都渋谷区宇田川町10-3
電話 (0570) 009-321（問い合わせ） (0570) 000-321（注文）
https://www.nhk-book.co.jp （ホームページ）

ブックデザイン　albireo
印刷　新藤慶昌堂・近代美術
製本　藤田製本

Printed in Japan ISBN978-4-14-088736-3 C0231

NHK出版新書好評既刊

キリスト教の本質
「不在の神」はいかにして生まれたか
加藤 隆
キリスト教の実態とは「神なし領域の宗教ビジネス」である。ストラスブール大卒の神学者が、自らの研究の集大成として世に放つ、類書皆無の宗教論！
708

希望の分子生物学
私たちの「生命観」を書き換える
黒田裕樹
分子生物学が導く驚きの未来像をわかりやすく、豊富なたとえを駆使して解説。生命や健康、生物学的な〈わたし〉という存在への認識が改まる！
709

運は遺伝する
行動遺伝学が教える「成功法則」
橘 玲
安藤寿康
知性、能力、性格、そして運まで。私たちは残酷な世界の真実にどう向き合うべきか？ 人気作家と行動遺伝学の第一人者が徹底的に論じる決定版。
710

「源氏物語」の時代を生きた女性たち
服藤早苗
身分ある女性から庶民の女性にまで光を当て、彼女たちの結婚・出産・仕事・教養・老後などを史料に基づいて解説。平安時代の実像に迫る快作。
711

マルクス・ガブリエル 日本社会への問い
欲望の時代を哲学するIII
丸山俊一
＋NHK「欲望の時代の哲学」制作班
哲学者の眼に「九〇年代で足踏みしている」と映る日本人は今、何を目指せばいいのか。日本の特質を生かして「より良き社会」を作る道が見えてくる！
712

日本の動物絵画史
金子信久
国宝「鳥獣戯画」から、若冲の「動植綵絵」に応挙の子犬まで。80点超をフルカラー収載し、名作誕生の秘密を説き起こした、決定版の通史！
713

NHK出版新書好評既刊

「人の期待」に縛られないレッスン
はじめての認知行動療法

中島美鈴

頼まれた仕事を断れない、人に会うと気疲れする、頑張っても評価されない――。他人の評価や愛情に左右されないシンプルな思考法とは。

714

アナーキー経営学
街中に潜むビジネス感覚

高橋勅徳

会議室の外で生まれる「野生のビジネス」を経営理論で読み解いてみたら、思わぬ合理的戦略が見えてきた！ 経営学の可能性を拓く、異色の入門書。

715

「植物の香り」のサイエンス
なぜ心と体が整うのか

塩田清二
竹ノ谷文子

ストレスや不安の軽減から集中力、記憶力など脳機能の向上、治りづらい疾患の緩和・予防まで。最新研究をもとに、第一人者がわかりやすく解説。

716

戦国武将を推理する

今村翔吾

三英傑（信長、秀吉、家康）から、『じんかん』の松永久秀や『八本目の槍』の石田三成まで、直木賞作家が徹底プロファイリング。彼らは何を賭けたのか。

717

哲学史入門Ⅰ
古代ギリシアからルネサンスまで

斎藤哲也［編］

第一人者が西洋哲学史の大きな見取り図・重要論点をわかりやすく、そして面白く示す！ シリーズ第一巻は、古代ギリシアからルネサンスまで。

718

哲学史入門Ⅱ
デカルトからカント、ヘーゲルまで

斎藤哲也［編］

第二巻は、デカルトからドイツ観念論までの近代哲学を扱う。「人間の知性」と向き合ってきた知の巨人たちの思索の核心と軌跡に迫る！

719

NHK出版新書好評既刊

NHK出版新書好評既刊

新プロジェクトX 挑戦者たち 2
国産EV 隠岐 離島再生
心臓・血管修復パッチ
スパコン「京」 自動ブレーキ
NHK「新プロジェクトX」制作班
泥臭く、ひたむきに働く人々が乗り越えた幾多の困難。そこに大切なメッセージがある。新たな価値や課題に果敢に挑んだ地上の星たちの物語。
726

ドラマで読む韓国
なぜ主人公は復讐を遂げるのか
金光英実
韓ドラに復讐劇が多い理由とは? 韓国の人間関係は「親しき仲には遠慮なし」? ドラマ作品を通じて隣人の素顔に迫る、新感覚の韓国社会入門!
727

ホワイトカラー消滅
私たちは働き方をどう変えるべきか
冨山和彦
企業支援の第一人者が語る、これから起きる「労働移動」。ホワイトカラーが、シン・ホワイトカラーとして働き場所を新たに見出す方策を明瞭に示す!
728

風呂と愛国
「清潔な国民」はいかに生まれたか
川端美季
いつから日本人は「風呂好き」と言われるようになり、入浴することは規範化したのか? 衛生と統治をめぐる、知られざる日本近代史!
729

戦時下の政治家は国民に何を語ったか
保阪正康
初の普選から戦時体制へ。時の首相は国民に何をどう語ったのか。二十四人の政治家の肉声から太平洋戦争までの実態を明らかにする、類を見ない一冊!
730

額縁のなかの女たち
「フェルメールの女性」はなぜ手紙を読んでいるのか
池上英洋
古代から現代まで、女性イメージはいかに生まれ、いかに変遷してきたのか。カラー図版140点超を交え、名画誕生の舞台裏に迫る。
731

NHK出版新書好評既刊

新プロジェクトX 挑戦者たち 3
トットちゃんの学校 男子バスケ
五輪への道 サッカー女子W杯優勝
薬師寺東塔 大修理 フリマアプリ世界へ
NHK「新プロジェクトX」制作班
人は何のために「壁」に挑むのか? 戦時下の教育物語から、スタートアップ企業の奮闘まで、多彩な分野で夢を追う人々の5つのドラマ!
732

サラブレッドはどこへ行くのか
「引退馬」から見る日本競馬
平林健一
ターフを去った競走馬はその後どこへ行くのか? サラブレッドの一生を軸に、現場関係者への綿密な取材を通して、競馬の未来を問う。
733

蔦屋重三郎と浮世絵
「歌麿美人」の謎を解く
松嶋雅人
蔦屋重三郎がモデルの大河ドラマ「べらぼう~蔦重栄華乃夢噺~」の近世美術考証者でもある著者が、美術面から蔦重の仕事に迫る意欲作。
734

新・古代史
グローバルヒストリーで迫る
邪馬台国、ヤマト王権
NHKスペシャル取材班
卑弥呼と三国志、空白の四世紀と技術伝来、倭の五王と東アジア情勢。グローバルな視点から多数の図版と共に日本古代史の最前線に迫る決定版。
735

「新しい中東」が世界を動かす
変貌する産油国と日本外交
中川浩一
中東諸国の表裏を知る元外交官が、大規模改革で台頭する「新しい中東」の様相をレポートするとともに、日本が進むべき道を大胆に提言する。
736